科目別 過去問題集

SUPER
J-Book Series

2024高卒認定

スーパー実戦過去問題集

地学基礎

編集 ● J-出版編集部　　　　　制作 ● J-Web School

最新過去問題
&詳細解説
6回分
2021~2023年

J-出版

もくじ

高卒認定情報ほか

問題／解答・解説

1．高等学校卒業程度認定試験とは

高等学校卒業程度認定試験（高卒認定試験）は、高等学校を卒業していないなどのため、大学等の受験資格がない方に対し、高等学校卒業者と同等以上の学力があるかどうかを認定する試験です。合格者には大学・短大・専門学校や看護学校などの受験資格が与えられるだけでなく、高等学校卒業者と同等以上の学力がある者として認定され、就職、転職、資格試験等に広く活用することができます。ただし、試験で合格要件を満たした者が満18歳に達していないときには、18歳の誕生日から合格者となります。

2．受験資格

受験年度末の3月31日までに満16歳以上になる方。現在、高等学校等に在籍されている方も受験が可能です。ただし、すでに大学入学資格を持っている方は受験できません。

3．実施日程

試験は8月と11月の年2回実施されます。8月試験と11月試験の受験案内（願書）配布開始日、出願期間、試験日、結果通知送付日は以下のとおりです（令和6年度の実施日程を基に作成しています。最新の実施日程については文部科学省のホームページを確認してください）。

	第1回（8月試験）	第2回（11月試験）
配 布 開 始 日	4月1日(月)～	7月16日(火)～
出 願 期 間	4月1日(月)～5月7日(火)	7月16日(火)～9月6日(金)
試 験 日	8月1日(木)・2日(金)	11月2日(土)・3日(日)
結果通知送付日	8月27日(火)発送	12月3日(火)発送

4．試験科目と合格要件

試験の合格者となるためには、合格要件に沿って8科目もしくは9科目の試験科目に合格することが必要です（「理科」の選択科目によって科目数が異なります）。

教科	試験科目	科目数	合格要件
国語	国語	1	必修
地理歴史	地理	1	必修
	歴史	1	必修
公民	公共	1	必修
数学	数学	1	必修
理科	科学と人間生活	2 または 3	以下の①、②のいずれかが必修 ①「科学と人間生活」の1科目と「物理基礎」、「化学基礎」、「生物基礎」、「地学基礎」のうち1科目（合計2科目） ②「物理基礎」、「化学基礎」、「生物基礎」、「地学基礎」のうち3科目（合計3科目）
	物理基礎		
	化学基礎		
	生物基礎		
	地学基礎		
外国語	英語	1	必修

5. 試験科目の出題範囲

試験科目	出題範囲（対応する教科書名）	
国語	「現代の国語」「言語文化」	
地理	「地理総合」	
歴史	「歴史総合」	
公共	「公共」	
数学	「数学Ⅰ」	
科学と人間生活	「科学と人間生活」	令和4年4月以降の高等学校入学者が使用している教科書
物理基礎	「物理基礎」	
化学基礎	「化学基礎」	
生物基礎	「生物基礎」	
地学基礎	「地学基礎」	
英語	「英語コミュニケーションⅠ」	

出願から合格まで

1. 受験案内（願書）の入手

　受験案内（願書）は、文部科学省や各都道府県教育委員会、各都道府県の配布場所などで配布されます。ただし、配布期間は年度毎に異なりますので、文部科学省のホームページなどで事前に確認してください。なお、直接取りに行くことができない方はパソコンやスマートフォンで受験案内（願書）を請求することが可能です。

　〈パソコンもしくはスマートフォンで請求する場合〉
　　次のURLにアクセスし、画面の案内に従って申し込んでください。　　https://telemail.jp/shingaku/pc/gakkou/kousotsu/
　○受験案内（願書）は、配布開始時期のおよそ1か月前から出願締切のおよそ1週間前まで請求できます。
　○請求後、受験案内（願書）は発送日から通常3〜5日程度で届きます。ただし、配布開始日以前に請求した場合は予約扱いとなり、配布開始日に発送されます。
　○受験案内（願書）に同封されている支払方法に従って送料を払います。
　○不明な点はテレメールカスタマーセンター（TEL：050-8601-0102　受付時間：9:30〜18:00）までお問い合わせください。

2. 出願書類の準備

　受験案内（願書）を入手したら、出願に必要な次の書類を用意します（令和5年度の受験案内を基に作成しています。内容が変更になる場合もあるため、最新の受験案内を必ず確認してください）。

①受験願書・履歴書
②受験料（収入印紙）
③写真2枚（縦4cm×横3cm）　※同じ写真を2枚用意
④住民票または戸籍抄本
⑤科目合格通知書　※一部科目合格者のみ
⑥試験科目の免除に必要な書類（単位修得証明書、技能審査の合格証明書）　※試験科目の免除を申請する者のみ
⑦氏名、本籍の変更の経緯がわかる公的書類（戸籍抄本等）　※必要な者のみ
⑧個人情報の提供にかかる同意書　※該当者のみ
⑨特別措置申請書および医師の診断・意見書　※必要な者のみ
⑩出願用の封筒

①受験願書・履歴書

受験願書・履歴書の用紙は受験案内に添付されています。

②受験料（収入印紙）

受験科目が7科目以上の場合は8,500円、4科目以上6科目以下の場合は6,500円、3科目以下の場合は4,500円です。受験料分の金額の日本政府発行の収入印紙（都道府県発行の収入証紙等は不可）を郵便局等で購入し、受験願書の所定欄に貼り付けてください。

③写真2枚（縦4cm×横3cm）

出願前6か月以内に撮影した、無帽・背景無地・正面上半身の写真を2枚（同一のもの）用意し、裏面に受験地と氏名を記入して受験願書の所定欄に貼り付けてください。写真は白黒・カラーいずれも可です。

④住民票または戸籍抄本（原本）

出願前6か月以内に交付され、かつ「本籍地（外国籍の方は国籍等）」が記載されたものを用意してください。マイナンバーの記載は不要です。海外在住の外国籍の方で提出が困難な場合は、必ず事前に文部科学省総合教育政策局生涯学習推進課認定試験第二係まで問い合わせてください。　TEL：03-5253-4111（代表）（内線2590・2591）

⑤科目合格通知書（原本）

過去に高等学校卒業程度認定試験または大学入学資格検定において、一部科目に合格している方は提出してください。なお、紛失した場合は受験案内にある「科目合格通知書再交付願」で出願前に再交付を受けてください。結婚等により、科目合格通知書に記載された氏名または本籍に変更がある場合は、「⑦氏名、本籍の変更の経緯がわかる公的書類（戸籍抄本等）」をあわせて提出してください。

⑥試験科目の免除に必要な書類（単位修得証明書、技能審査の合格証明書）（原本）

試験科目の免除を申請する方は受験案内を確認し、必要書類を提出してください。なお、「単位修得証明書」が発行元で厳封されていない場合は受理されません。結婚等により、試験科目の免除に必要な書類の氏名に変更がある場合は、「⑦氏名、本籍の変更の経緯がわかる公的書類（戸籍抄本等）」をあわせて提出してください。

⑦氏名、本籍の変更の経緯がわかる公的書類（戸籍抄本等）（原本）

結婚等により、「⑤科目合格通知書」や「⑥試験科目の免除に必要な書類」に記載された氏名または本籍が変更となっている場合に提出してください。

⑧個人情報の提供にかかる同意書

外国籍の方で、過去に高等学校卒業程度認定試験または大学入学資格検定で合格した科目があり、「⑤科目合格通知書」の氏名（本名）または国籍に変更がある場合は、受験案内を確認して提出してください。

⑨特別措置申請書および医師の診断・意見書

身体上の障がい等により、受験の際に特別措置を希望する方は、受験案内を確認し、必要書類を提出してください。

⑩出願用の封筒

出願用の封筒は受験案内に添付されています。封筒の裏面に氏名、住所、電話番号、受験地を明記し、「出願書類確認欄」を用いて必要書類が揃っているかを再度チェックし、不備がなければ郵便局の窓口で「簡易書留扱い」にして文部科学省宛に送付してください。

3. 受験票

受験票等（受験科目決定通知書、試験会場案内図および注意事項を含む）は文部科学省から受験願書に記入された住所に届きます。受験案内に記載されている期日を過ぎても到着しない場合や記載内容に誤りがある場合は、文部科学省総合教育政策局生涯学習推進課認定試験第二係に連絡してください。　TEL：03-5253-4111（代表）　①試験実施に関すること（内線2024・2643）　②証明書に関すること（内線2590・2591）

4. 合格発表・結果通知

試験の結果に応じて、文部科学省から次のいずれかの書類が届きます。全科目合格者には「**合格証書**」、一部科目合格者には「**科目合格通知書**」、その他の者には「**受験結果通知**」が届きます。「**合格証書**」が届いた方は、大学入学資格（高等学校卒業程度認定資格）が与えられます。ただし、試験で合格要件を満たした方が満18歳に達していないときには、18歳の誕生日から合格者となります。そのため、大学入学共通テスト、大学の入学試験等については、原則として満18歳になる年度から受験が可能となります。大学入学共通テストについては、独立行政法人大学入試センター　事業第一課（TEL：03-3465-8600）にお問い合わせください。「**科目合格通知書**」が届いた方は、高等学校卒業程度認定試験において1科目以上の科目を合格した証明になりますので、次回の受験まで大切に保管するようにしてください。なお、一部科目合格者の方は「**科目履修制度**」を利用して、合格に必要な残りの科目について単位を修得することによって、高等学校卒業程度認定試験合格者となることができます（「**科目履修制度**」については次のページもあわせて参照してください）。

科目履修制度 （未合格科目を免除科目とする）

1. 科目履修制度とは

　科目履修制度とは、通信制などの高等学校の科目履修生として未合格科目（合格に必要な残りの科目）を履修し、レポートの提出とスクーリングの出席、単位認定試験の受験をすることで履修科目の単位を修得する制度となります。この制度を利用して単位を修得した科目は、免除科目として文部科学省に申請することができます。高等学校卒業程度認定試験（高卒認定試験）の合格科目と科目履修による単位修得を合わせることにより、高等学校卒業程度認定試験の合格者となることができるのです。

2. 科目履修の学習内容

　レポートの提出と指定会場にて指定回数のスクーリングに出席し、単位認定試験で一定以上の点数をとる必要があります。

3. 科目履修制度の利用

❶ すでに高卒認定試験で合格した一部科目と科目履修を合わせることにより高卒認定試験合格者となる。

| 高卒認定試験 既合格科目 | + | 科目履修 （残り科目を履修） | = | 合わせて 8科目以上 | 高卒認定試験 合格 |

※最低1科目の既合格科目または合格見込科目が必要

　① 苦手科目がどうしても合格できない方　　② 合格見込成績証明書を入手し、受験手続をしたい方
　③ 残り科目を確実な方法で合格したい方　　④ 大学・短大・専門学校への進路が決まっている方

❷ 苦手科目等を先に科目履修で免除科目にして、残りの得意科目は高卒認定試験で合格することで高卒認定試験合格者となる。

| 科目履修 （苦手科目等を履修） | + | 高卒認定試験 科目受験 | = | 合わせて 8科目以上 | 高卒認定試験 合格 |

※最低1科目の既合格科目または合格見込科目が必要

　① 得意科目だけで高卒認定試験の受験に臨みたい方　　② できるだけ受験科目数を減らしたい方
　③ どうしても試験で合格する自信のない科目がある方　　④ 確実な方法で高卒認定試験の合格を目指したい方

4. 免除を受けることができる試験科目と免除に必要な修得単位数

免除が受けられる試験科目	高等学校の科目	免除に必要な修得単位数
国語	「現代の国語」	2
	「言語文化」	2
地理	「地理総合」	2
歴史	「歴史総合」	2
公共	「公共」	2
数学	「数学Ⅰ」	3
科学と人間生活	「科学と人間生活」	2
物理基礎	「物理基礎」	2
化学基礎	「化学基礎」	2
生物基礎	「生物基礎」	2
地学基礎	「地学基礎」	2
英語	「英語コミュニケーションⅠ」	3

（注）上記に記載されている免除に必要な修得単位数はあくまで標準的修得単位数であり、学校によっては科目毎の設定単位数が異なる場合があります。

■科目履修制度についてより詳しく知りたい方は、J-出版編集部にお問い合わせください。
TEL：03-5800-0552
Mail：info@j-publish.net

1. 出題傾向

　過去３年間の８月試験および11月試験の出題傾向は以下のとおりです。地学基礎の場合、同じ年度においては８月試験と11月試験で同じような範囲からの出題が多く見られます。しかし、年度や回によって出題内訳のバランスが変わることもあるので、大問によっては前回とまったく違う範囲から出題されることもあります。過去の出題をよく見てどのようなバランスで出題されているかを確認のうえ、学習を進めてください。

出題内容	令和3年度第1回	令和3年度第2回	令和4年度第1回	令和4年度第2回	令和5年度第1回	令和5年度第2回	配点
宇宙における地球							
1. 宇宙のすがた	●	●	●		●	●	
2. 太陽と惑星	●	●		●		●	
3. 太陽系の中の地球			●		●		
地球の活動と移り変わり							合計20問の出題で大問ごとに均等な出題数と配点（5点×20）。
1. 地球の形と大きさ							
2. 地球内部の層構造	●			●			
3. プレートの運動	●		●				
4. 火山活動と地震	●				●	●	
5. 地層の形成と地質構造		●	●	●	●	●	
6. 古生物の変遷と地球環境				●			
大気と海洋							
1. 地球の熱収支	●						
2. 大気と海水の運動		●	●	●	●	●	
3. 日本の気象・自然環境	●						

2. 出題内容と対策

1

　大問1はほぼ毎回、天体・宇宙の範囲から出題されています。内容も宇宙のはじまりから太陽、惑星、月、彗星など広範にわたっています。このなかでとくに重要となるのは太陽に関する内容です。過去の出題を見ても頻出事項といえるので、まずは太陽についてしっかり学習したうえで、ほかの範囲を見ていくようにしてください。また、天体の範囲では距離を表す概念などいろいろな単位が出てくるので、このあたりはまとめて整理したうえで覚えるようにしましょう。

2

　大問2は年度や回によって出題内容が大きく変わる可能性があります。天体の範囲から出題される場合と、地質の範囲から出題される場合に分かれます。地質に関する内容は大問3および大問4でも出題されるので、ここで何が出題されるかによって試験の出題バランスが大きく変わります。ただし、どちらの範囲から出題される場合でも主たるテーマは地球に関する事柄になるので的は絞りやすいといえます。天体としての地球、地球の大きさや形、内部構造など重要事項を押さえるようにしましょう。

3

　大問3は地質の範囲のなかでもとくに火山・地震に関する出題が非常に多く見られます。火山については分類やマグマの性質、火山の分布などさまざまな内容が出題されています。地震についてはそのしくみやプレートの移動に関する内容も含まれます。これらの内容については事例などもよく出題されているので、過去の問題で資料などをしっかり確認してください。また、災害に関わる自然現象でもあるため自然災害に関する知識が問われる可能性も考えて学習してください。

4

　大問4は地質の範囲からの出題となりますが、とくに地層の形成や地質構造、岩石といった地質の成り立ちに関わる内容を中心に出題されています。そこでは古生物の化石と地質時代の区分に関する知識も問われます。すこし範囲が広くなりますが、用語などを意味も含めてしっかり覚えるようにしましょう。

5

　大問5は毎回、大気と海洋の範囲から出題されています。この単元は大きく分けると、「地球の熱収支」と「大気と海水の運動」の2つの範囲になり、いずれかの内容が出題される可能性が高いのですが、それに関連した日本の気象や自然現象に関する内容が出題されることもあります。出題全体のなかでは占める割合が小さい単元ですから重要事項のみに絞って学習すると効率的です。

令和５年度 第２回
高卒認定試験

地学基礎

解答時間　50 分

地 学 基 礎

（解答番号 ┌─┐ 1 ～ ┌──┐ 20 ）

1 次の文は夜空を眺めている二人の会話である。問1～問4に答えよ。

ヒマリ：今日は国際宇宙ステーション（以下 ISS）の観測に誘ってくれてありがとう。

ソラ　：でも，見逃さないでね。ISS は自ら光ってるわけじゃないから観測には観測地点と ISS の位置と時間帯の条件が揃わないと観測できないんだ。その条件が揃うのはせいぜい数分だよ。
(a)

ヒマリ：あそこに夏の大三角が見えるね。七夕の彦星と織姫星とあとなんという星だっけ？

ソラ　：彦星はわし座のアルタイル，織姫星はこと座のベガ。もう一つは，はくちょう座のデネブだよ。地球から見ると天球上に並んでいるように見えるけど，アルタイルは約17光年，ベガが約25光年，デネブは約1400光年も地球から離れているよ。1光年は光が1年間に進む距離だから，今見えているデネブの姿は約1400年前の姿ってことになるね。
(b)

ヒマリ：宇宙って本当に大きいんだね。私たちの銀河系の大きさもハローまで含めると直径 ┌───┐ A 光年もあるって授業で習ったね。そして，宇宙には銀河系のような星の大集団が数限りなく存在しているんでしょ。でもそんなに離れた場所までどうやって観測できるんだろう。

ソラ　：それについては，2022年から本格稼働しているジェイムズ・ウェッブ宇宙望遠鏡が観測史上最も遠い135億光年離れた天体を発見するなど次々と新しい発見をしているよ。

ヒマリ：より距離の遠い天体を観測することで，より過去の天体の姿が分かるのなら，約138億光年離れた天体の観測ができればビッグバンの様子や初期の宇宙の姿も分かるんじゃない。

ソラ　：いや。残念なことに宇宙誕生後約40万年間の観測は不可能だと考えられているんだ。宇宙誕生直後は高温・高密度の状態で，陽子や電子などの粒子はバラバラに飛び交っていて，光は電子に遮られていて直進できない状態だった。宇宙誕生から約40万年後，水素原子やヘリウム原子ができた時にはじめて光が直進できるようになったと考えられているよ。これを宇宙の晴れ上がりと呼んでいるよ。
(c)

問1 下線部観測地点と ISS の位置と時間帯の条件について，観測できる条件を満たしている位
(a)
置関係を示した模式図として適当なものを，次の①～④のうちから一つ選べ。

解答番号は ┌─┐ 1 。

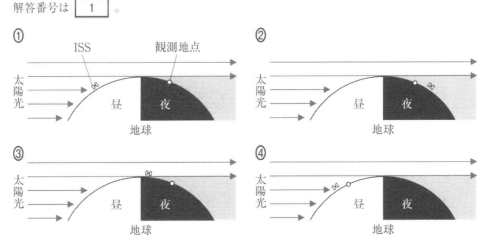

問 2　下線部1光年は光が1年間に進む距離について，1光年は約何 km か。光が1秒間に進む
(b)
　　距離を 3.0×10^5 km としたとき，最も適当なものを，次の①～④のうちから一つ選べ。

　　　ただし，1日は 8.64×10^4 秒である。解答番号は　　2　　。

①　1.5×10^8 km

②　9.5×10^8 km

③　1.5×10^{12} km

④　9.5×10^{12} km

問 3　文中の　　A　　に当てはまる語句として正しいものを，次の①～④のうちから一つ選べ。
　　解答番号は　　3　　。

①　1万

②　5万

③　10万

④　15万

問 4　下線部宇宙の晴れ上がり直後の陽子，中性子，電子の状態を示した模式図として最も適当
(c)
　　なものを，次の①～④のうちから一つ選べ。解答番号は　　4　　。

①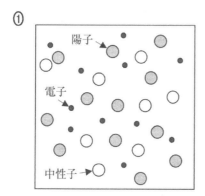

②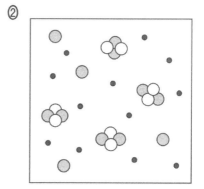

③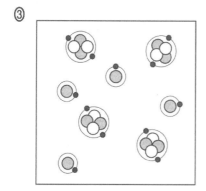

④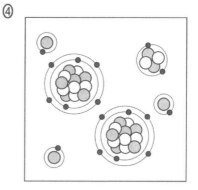

2 太陽系を構成する惑星や小天体に関する問1〜問4に答えよ。

　太陽系は星間雲と呼ばれる水素とヘリウムを主成分とするガスと塵（ちり）が，重力により収縮して生まれた（図1）。星間雲は回転しながら平たい円盤状になり，中心部には光り輝く原始太陽が形成された。残された円盤内の塵は，衝突を繰り返しながら成長し，直径10 km 程度の微惑星が無数に形成された。微惑星を構成する物質は，原始太陽から近いところと遠いところでは成分が異なっており，その後の惑星の構成物質にも影響を与えた。円盤内のガス成分は原始太陽の太陽風によって吹きはらわれ，少し遠いところを公転する惑星に取り込まれた。また，惑星に成長できなかった微惑星の残骸は小惑星や太陽系外縁天体と呼ばれる天体になった。

　図2は地球，木星，天王星の内部構造を模式的に示している。

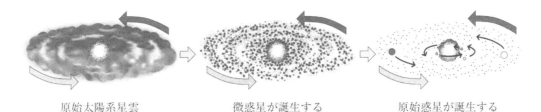

原始太陽系星雲　　　　　　微惑星が誕生する　　　　　　原始惑星が誕生する

図1　太陽系のできるまで（国立科学博物館の Web サイトにより作成）

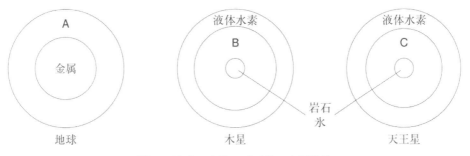

図2　地球・木星・天王星の内部構造

問1　地球の体積の割合で一番多いAの部分の主要な物質は岩石である。この部分の名称として最も適当なものを，次の①〜④のうちから一つ選べ。解答番号は　5　。

①　マントル

②　マグマ

③　アセノスフェア

④　リソスフェア

問2 木星と天王星のBとCの部分の主要な物質やその状態の組合せとして最も適当なものを，次の①～④のうちから一つ選べ。解答番号は 6 。

	B	C
①	金属水素	氷（水・アンモニア・メタン）
②	氷（水・アンモニア・メタン）	金属水素
③	金属水素	岩石
④	金属（主に鉄）	氷（水・アンモニア・メタン）

※「金属水素」とは金属のような性質を持つ水素である。

問3 小惑星に関して述べた文として**誤っているもの**を，次の①～④のうちから一つ選べ。解答番号は 7 。

① 主に岩石からなり，太陽に近づいてもガスや塵を放出することがない。

② 大半が地球と火星の間にある。

③ 6600万年前の恐竜などが絶滅した原因となった天体と考えられている。

④ 大半は直径100 km未満で，最も大きいものでも1000 km程度である。

問4 太陽系外縁天体に関して述べた文として**誤っているもの**を，次の①～④のうちから一つ選べ。解答番号は 8 。

① 月（半径約1700 km）より小さいが，半径1000 kmを超える天体が複数発見されている。

② 黄道面から大きく外れるものや，大きくつぶれた楕円軌道を描くものが少なくない。

③ 天王星より外側にある天体を指す。

④ 冥王星が含まれる。

3 　地震に関する**問1**～**問4**に答えよ。

　規模の大きな地震が起こると，その前後に周辺でも地震が起こることがある。これらの地震活動の中で，一番規模の大きな地震を本震という。**図1**は1995年1月17日に起きた兵庫県南部地震の本震の震央（☆）とその後に起きた地震の震央（○）の分布である。**表1**は地震後の規模別発生回数を示している。

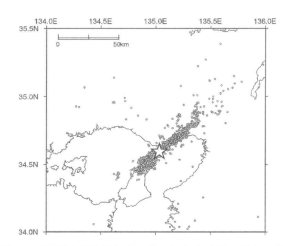

図1 　兵庫県南部地震とその後に起きた地震の震央の分布

(防災科学技術研究所のWebサイトにより作成)

表1 　兵庫県南部地震と一連の地震の規模別発生回数

	M 2.0 ～ M 2.9	M 3.0 ～ M 3.9	M 4.0 ～ M 4.9	M 5.0 ～	合計
1月	789	169	41	6	1005
2月	146	16	2	1	165
3月	58	6	0	0	64
4月	40	1	1	0	42
5月	22	8	2	0	32
6月	25	6	0	0	31

(気象庁Webサイトより)

問1 　地震発生から観測点にP波及びS波が到達するのにかかった時間をそれぞれ Tp，Ts としたとき，初期微動継続時間を表した式として最も適当なものを，次の①～④のうちから一つ選べ。解答番号は 　9　 。

① 　Tp ÷ Ts

② 　Ts ÷ Tp

③ 　Tp － Ts

④ 　Ts － Tp

問2　本震の後にくり返し起こる多くの地震を何というか。最も適当なものを，次の①〜④のうちから一つ選べ。解答番号は　10　。

① 余震

② 前震

③ 群発地震

④ 深発地震

問3　図1の兵庫県南部地震とその後に起きた地震の震央の分布から分かることとして最も適当なものを，次の①〜④のうちから一つ選べ。解答番号は　11　。

① 震源の深さは50 km より深い。

② 本震の揺れは5分以上続いた。

③ 震源断層は北東−南西方向に延びている。

④ 本震はプレート境界型の地震である。

問4　一連の地震活動の発生回数と時間の関係を模式的に表した図として最も適当なものを，表1を参考にし次の①〜④のうちから一つ選べ。解答番号は　12　。

①

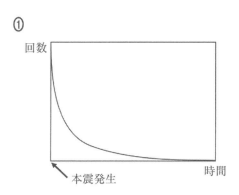

②

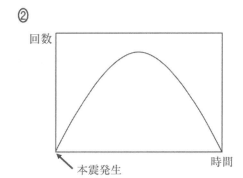

③

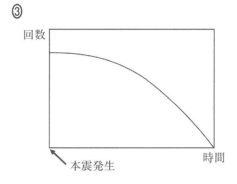

④

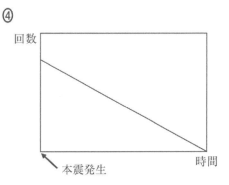

4 地球の歴史や化石に関する**問1～問4**に答えよ。

　図1は、石炭紀(3.59～2.99億年前)の森林の想像図である。現在、人間が利用している石炭の多くは、石炭紀に繁栄した植物の遺骸がもとになって形成された化石である。これらの植物が
(a)   (b)
栄え、地中に埋没したことで地球の大気組成は大きく変化したと考えられている。図2は、6億
(c)
年前から現在までの大気中の酸素と二酸化炭素濃度の変化を示したものである。

図1　石炭紀の森林の想像図

(https://emagazine.com/carbon-in-trees/ より)

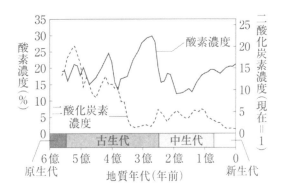

図2　6億年前から現在までの大気中の酸素と
二酸化炭素濃度の変化

問1　下線部石炭紀に繁栄した植物について、そのような植物にふさわしい例として最も適当な
(a)
　　ものを、次の①～④のうちから一つ選べ。解答番号は　**13**　。

①　ロボク、リンボク、フウインボクなどのシダ植物

②　ロボク、リンボク、フウインボクなどの裸子植物

③　ソテツ類やイチョウ類などのシダ植物

④　ソテツ類やイチョウ類などの裸子植物

問2 下線部化石について，化石とはいえないものを，次の①～④のうちから一つ選べ。
(b)
解答番号は 14 。

① 甲殻類の巣穴の跡

(http://www.nature.museum.city.fukui.fukui.jp/gakugei/chigaku/etizen-52.html より)

② 水流や波で形成されたリプルマーク

(http://www.ha.shotoku.ac.jp/~kawa/KYO/CHISITSU/taiseki/cq/05.html より)

③ 恐竜の足跡

(https://www.museum.yokosuka.kanagawa.jp/archives/exinfo/33581 より)

④ 植物食恐竜の糞（ふん）

(https://www.bunka.pref.mie.lg.jp/MieMu/82913046600.HTM より)

問3 下線部地球の大気組成は大きく変化したについて，図2から石炭紀の気候や地球環境の変
(c)
化を考えたとき最も適当なものを，次の①～④のうちから一つ選べ。解答番号は 15 。

① 全体を通して温暖な時期が続き，氷河は地球上に存在しなかった。

② 全体を通して寒冷な時期が続き，地球全体が氷河におおわれていた。

③ 初期は寒かったが，後半は温暖化し大陸の氷河は消失した。

④ 初期は暖かかったが，後半は寒冷化し大陸には氷河が発達した。

問4 現在の地球大気中の二酸化炭素濃度は，400 ppm 程度である。1 ppm は体積比で 100 万
分の1の濃度を表し，400 ppm は 0.04 % である。図2から判断すると，6億年前から現在
まで，大気中の二酸化炭素濃度が最も高かった時期にその値は何 % 程度であったと考えら
れるか。最も適当なものを，次の①～④のうちから一つ選べ。解答番号は 16 。

① 0.4 %

② 0.8 %

③ 4 %

④ 8 %

5 オゾンホールに関する**問1～問4**に答えよ。

オゾンホールは，南極上空のオゾン量が極端に少なくなる現象で，南極点を中心にして，まるで穴があいたように少なくなることからその名が付けられた。オゾン量が低下することにより，地上に達する A が増え，皮膚がんの発症の増加や生態系に影響が及ぶことが予想される。

オゾンホールは，1980年代初めから観測されるようになり，その大きさは1984年以降南極大陸の面積を上回り，2000年には南極大陸の面積の2倍以上に拡大したが，現在では徐々に縮小傾向にある。また，オゾンホールは年間を通じて観測されるのではなく，8月から9月頃に発生し，11月から12月頃に消滅するという季節変化をしている。

図1の折れ線グラフはオゾンホールの最大面積の経年変化である。2000年以降にひかれた直線は折れ線の変化を平均したものである。また，比較のために南極大陸の面積を点線で示した。

図2はある気体の大気中の濃度の経年変化である。この気体の減少とオゾンホールの縮小には相関関係がある。

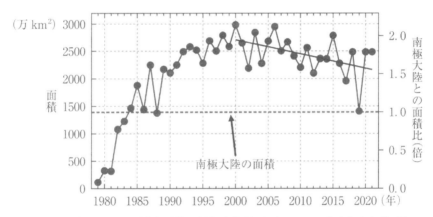

図1　オゾンホールの最大面積の経年変化（気象庁のWebサイトより作成）

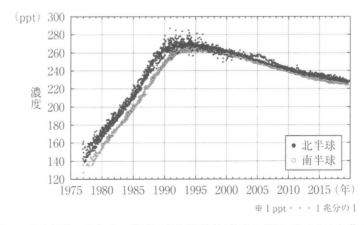

※1 ppt・・・1兆分の1

図2　ある気体の大気中の濃度の経年変化（気象庁のWebサイトより作成）

問1 オゾンの成因について説明した文として最も適当なものを，次の①～④のうちから一つ選べ。解答番号は 17 。

① 地球誕生時から，火山活動によって放出されている。

② 宇宙空間にあるオゾンを地球が大気として取り込んでいる。

③ 植物の光合成によりつくられた酸素分子から生成されている。

④ 水蒸気から，水素原子が分離して生成されている。

問2 オゾンホールが存在するのは，大気圏のどの領域か。最も適当なものを，次の①～④のうちから一つ選べ。解答番号は 18 。

① 対流圏

② 成層圏

③ 中間圏

④ 熱圏

問3 文中の A に当てはまる語句として最も適当なものを，次の①～④のうちから一つ選べ。解答番号は 19 。

① フラウンホーファー線

② 赤外線

③ 可視光線

④ 紫外線

問4 下線部徐々に縮小傾向にあるについて，図2の気体の名称と気体が減少した理由の組合せとして最も適当なものを，次の①～④のうちから一つ選べ。解答番号は 20 。
(a)

	気 体	理　由
①	窒素酸化物	冷却剤などとしての使用の制限や回収が規定され，この気体の排出を抑えたため。
②	窒素酸化物	工場や自動車などの排ガス規制が規定され，除去技術が開発されたため。
③	フロンガス	冷却剤などとしての使用の制限や回収が規定され，この気体の排出を抑えたため。
④	フロンガス	工場や自動車などの排ガス規制が規定され，除去技術が開発されたため。

令和5年度 第2回

解答・解説

【重要度の表記】

Ａ：重要度が高く確実に正答したい設問。しっかり
　復習する必要のある問題です。

Ｂ：重要度はＡレベルよりすこし下で、やや難易度
　が高い設問または内容を読み取る設問。高得点
　を狙う人は復習しましょう！

Ｃ：重要度が低い、または難解な設問。軽く復習す
　る程度でよいでしょう！

令和5年度　第2回　高卒認定試験

【 解 答 】

1	解答番号	正答	配点	2	解答番号	正答	配点	3	解答番号	正答	配点	4	解答番号	正答	配点	5	解答番号	正答	配点
問1	1	③	5	問1	5	①	5	問1	9	④	5	問1	13	①	5	問1	17	③	5
問2	2	④	5	問2	6	①	5	問2	10	①	5	問2	14	②	5	問2	18	②	5
問3	3	④	5	問3	7	②	5	問3	11	③	5	問3	15	④	5	問3	19	④	5
問4	4	③	5	問4	8	③	5	問4	12	①	5	問4	16	②	5	問4	20	③	5

【 解 説 】

1

問1　国際宇宙ステーション（ISS）をはじめとする人工衛星を地上から見るには、(1)観測地に太陽の光が当たっていない（空が暗い）、(2)上空を飛行しているISSなどには太陽の光が当たっている、という2つの条件を満たしている時間帯でなければなりません。したがって、正解は③となります。①は先の条件は満たしていますが、観測地の上空にISSが来ていません（観測地から見るとISSが地平線下です）。

解答番号【1】：③　　⇒ 重要度A

問2　1日が8.64×10^4秒、1年間が約365日であることから、1年間の秒数は約3.2×10^7秒となります。光の速さが3.0×10^5kmですから、1光年は$3.0 \times 10^5 \times 3.2 \times 10^7 = 9.6 \times 10^{12}$kmとなります。したがって、正解は④となります。

解答番号【2】：④　　⇒ 重要度B

問3　銀河系（天の川銀河）は円盤部の直径がおよそ10万光年、中心部のバルジや円盤を含むハローまで含めると、その直径はおよそ15万光年になります。したがって、正解は④となります。円盤部の直径10万光年と混同しないように気をつけましょう。なお、太陽系は銀河中心からおよそ2万6000光年離れた位置にあります。

解答番号【3】：④　　⇒ 重要度A

問4　宇宙誕生直後はビッグバンという高温状態であったため、原子をつくる陽子や中性子、電子がバラバラに宇宙空間を飛び回っている状態でした（選択肢①）。その後、宇宙が膨張するにともなって宇宙は冷え、陽子と中性子が結合してヘリウムの原子核がつくられます（選択肢②）。その後、さらに宇宙が冷えることで陽子（＝水素の原子核）やヘリウムの原子核と電子が結合し原子がつくられます（選択肢③）。問題文にもあるように、電子がバラバラに宇宙を飛び回っている状態では光が電子に邪魔をされて直進できませんが、原子核と結びつくことで光を邪魔しなくなり、光が直進できるようになります。これが「宇

宙の晴れ上がり」です。したがって、正解は③となります。①や②は、未だ電子が自由に宇宙を飛び回っている状況です。④は、水素やヘリウムよりも重い（陽子や中性子の数が多い）原子がつくられていますが、そのような原子は恒星の内部で核融合反応によってつくられます。よって宇宙初期には存在していませんでした。

解答番号【4】：③　　⇒ 重要度C

2

問1　地球は、中心部に鉄やニッケルなどの金属からなる核があり、その外側を岩石からなるマントルが覆い、そのさらに外側に私たちが暮らしている大地ともいうべき岩石からなる地殻があります。が、地殻は非常に薄く、ゆで卵で例えるならば、核が黄身、マントルが白身、地殻が殻となります。したがって、正解は①となります。②のマグマは地殻内部にある溶融した岩石のことをいいます。③のアセノスフェアと④のリソスフェアも、地球内部を別の分類方法で区分したときの呼び名で、アセノスフェアは上部マントルの一部、リソスフェアは地殻と上部マントルの最上部を指します。リソスフェアはプレートとも呼ばれます。

解答番号【5】：①　　⇒ 重要度A

問2　木星は巨大ガス惑星に分類されます。中心部に岩石と氷からなる核があって、その外側に高圧によって金属のような性質を持った金属水素の層が、さらにその外側に液体水素の層があります。一方、天王星は巨大氷惑星に分類され、中心部に岩石と氷からなる核があるのは木星と変わりませんが、その外側には水やアンモニア、メタンなどの氷の層があります（その外側は木星と同じように液体水素の層です）。したがって、正解は①となります。

解答番号【6】：①　　⇒ 重要度A

問3　小惑星とは、主に火星の軌道と木星の軌道の間を公転する、主に岩石でできた、惑星に比べると非常に小さな天体です。最大のものでも直径が 1000 km に満たず、多くが直径 100 km 未満です。ときおり地球に近づいて衝突するものがあり、6600 万年前の中生代と新生代の境界で起きた大量絶滅（恐竜やアンモナイトなどが絶滅）は小惑星の衝突がきっかけと考えられています。したがって、正解は②となります。①の、太陽に近づいてガスや塵を放出する天体は彗星です。

解答番号【7】：②　　⇒ 重要度B

問4　太陽系外縁天体は、主に海王星軌道より外側を公転する、主に氷でできた天体です。現在は冥王星も太陽系外縁天体に分類されていて、冥王星など大きいものは半径が 1000 km を超えています。惑星と違い、黄道面から大きく傾いた軌道を持つ天体（冥王星など）やつぶれた楕円軌道を持つ天体も多数発見されています。したがって、正解は③です。なお、土星軌道と天王星軌道の間を公転し、小惑星と太陽系外縁天体の中間的な天体も発見されていて、ケンタウルス族と呼ばれています。

解答番号【8】：③　　⇒ 重要度B

3

問1　P波とS波のうち、最初に到達するのはP波（初期微動）で、続いて到達するのがS波（主要動）です。すなわちP波が到達してからS波が到達するまでの時間が初期微動継続時間です。したがって、④が正解となります。一般に、震源から近いほど初期微動継続時間は短くなります。

解答番号【9】：④　　⇒重要度C

問2　本震の後にくり返し起こる地震を余震といいます。したがって、正解は①となります。②の前震は、本震の前に起こる地震のことです。③の群発地震は、本震や前震、余震の区別がはっきりしないほど同規模の地震がある地域に集中的に多数発生する一連の地震のことをいいます。④の深発地震は、地殻深く発生する地震のことです。明確な定義はありませんが、おおよそ200 km以深で発生する地震を深発地震と呼ぶことが多いです。

解答番号【10】：①　　⇒重要度A

問3　まず、図1や表1からは、発生した一連の地震の震源の深さや揺れの継続時間はわかりません。そのため、①や②は不適です。一方、図1を見ると、余震の分布域が北東から南西に伸びています。このことから、地震を発生させた断層も同じ方向に伸びていることがわかります。したがって、正解は③となります。兵庫県付近はプレート境界から離れており、兵庫県南部地震もプレート境界型の地震ではありません（内陸地殻内地震や大陸プレート内地震といいます）。日本付近のプレート境界の位置は、大まかで構いませんので把握しておきましょう。

解答番号【11】：③　　⇒重要度A

問4　表1より、本震が発生した1995年1月がもっとも地震の回数が多く、そこから急激に回数が減少し、同年4月以降は減少幅が小さくなっています。したがって、正解は①となります。

解答番号【12】：①　　⇒重要度A

4

問1　石炭紀にはロボクやリンボク、フウインボクといったシダ植物が繁栄し、その高さは20～30 mにも達しました。したがって、①が正解となります。ソテツ類やイチョウ類などの裸子植物は石炭紀以前（デボン紀）には出現していましたが、もっとも繁栄したのは中生代（三畳紀～白亜紀）です。

解答番号【13】：①　　⇒重要度A

問2　化石とは、生物の遺骸や活動の痕跡が地質学的に残されたものをいいます。そのため、生物が成因に関わらない地質構造は化石とはいえません。化石と聞くと真っ先に思い浮かぶのが動物の骨かもしれませんが、巣穴や足跡、糞、卵なども化石となります。そのため、①、③、④は化石です。したがって、②が正解となります。リプルマークは漣痕ともいい、堆積物の上に水や空気（風）が流れることで生じた波上の微地形のことです。

解答番号【14】：②　　⇒重要度B

問3　図2を見ると、石炭紀（3.59億年前〜2.99億年前）には、大気中の二酸化炭素濃度が急激に減少し、一方で大気中の酸素濃度が大幅に上昇したことがわかります。気候や地球環境の変化と密接に関わるのは温室効果ガスでもある二酸化炭素濃度で、二酸化炭素濃度が減少したことで、初期のころは温暖だった気候が後半には寒冷化したと推定できます。したがって、④が正解となります。実際、石炭紀末期から次のペルム紀の初めにかけては氷河時代であったと考えられています。

解答番号【15】：④　　⇒ ■重要度B■

問4　図2より、6億年前から現在までの間でもっとも二酸化炭素濃度が高かったのは古生代の初めで、おおよそ現在の20倍の濃度があったことがわかります。現在の地球大気中の二酸化炭素濃度が400 ppm＝0.04％であることから、その20倍ということは、0.04×20＝0.8％となります。したがって、②が正解となります。

解答番号【16】：②　　⇒ ■重要度B■

5

問1　オゾンの化学式（分子式）はO_3で、酸素原子が3つ結合した分子です。現在の地球大気に含まれる酸素は大部分が植物の光合成によって生み出されたもので、誕生後しばらくの間、地球大気中には酸素がほとんど含まれていませんでした。そして、宇宙空間にはほとんどオゾンは存在しません。また水蒸気の分子式はH_2Oですから、そこから水素原子が分離してもオゾンは生成しません。したがって、③が正解となります。植物が光合成によって生み出した酸素分子が上空で太陽からやってくる紫外線によって分解され、別の酸素分子と結合することでオゾンは生成されています。

解答番号【17】：③　　⇒ ■重要度B■

問2　地球大気において、オゾンは高度約10〜50kmほどの成層圏に多く存在し、特に高度約25km付近でもっとも密度が高くなります。当然、オゾンホールも同じ成層圏に存在することになります。したがって、②が正解となります。

解答番号【18】：②　　⇒ ■重要度A■

問3　オゾンが吸収しているのは、太陽からやってくる紫外線です。したがって、①が正解となります。①のフラウンホーファー線は太陽のスペクトル中に見られる暗線のことで、電磁波そのものを指すわけではありません。②の赤外線や③の可視光線を吸収するのは主に大気中の水蒸気です。

解答番号【19】：④　　⇒ ■重要度A■

問4　オゾン層破壊の原因となる物質はフロン（炭素や酸素に加えフッ素や塩素などのハロゲンを多く含む化合物）で、主に冷却剤として冷蔵庫やエアコンなどに使われていました。1987年に締結されたモントリオール議定書でフロン削減・廃止への道筋が定められ、日本においては1988年に制定された「オゾン層保護法」によってフロン等の生産規制が行われました。その結果、排出量が世界的に抑えられ、オゾンホールは縮小傾向にあります。

したがって、③が正解となります。窒素酸化物は酸性雨や光化学スモッグなどの大気汚染の原因になる物質で、オゾン層破壊の原因とはなりません。

解答番号【20】：③　⇒ 重要度A

令和5年度 第1回
高卒認定試験

地学基礎

解答時間　50分

注 意 事 項（抜粋）

* 試験開始の合図前に，監督者の指示に従って，解答用紙の該当欄に以下の内容をそれぞれ正しく記入し，マークすること。
  ① 氏名欄
  　氏名を記入すること。
  ② 受験番号，③ 生年月日，④ 受験地欄
  　受験番号，生年月日を記入し，さらにマーク欄に受験番号（数字），生年月日（年号・数字），受験地をマークすること。
* 受験番号，生年月日，受験地が正しくマークされていない場合は，採点できないことがある。
* 解答は，解答用紙の解答欄にマークすること。例えば，| 10 | と表示のある解答番号に対して②と解答する場合は，次の（例）のように**解答番号 10 の解答欄**の②に**マーク**すること。

（例）

解答 番号	解　答　欄
10	① ② ③ ④ ⑤ ⑥ ⑦ ⑧ ⑨ ⓪

地 学 基 礎

$$\left(\text{解答番号}\ \boxed{1}\ \sim\ \boxed{20}\ \right)$$

1　次の文は太陽や恒星の特徴についての先生と生徒の会話である。**問1〜問4**に答えよ。

先　生：これから恒星について学びます。恒星とは星座を作っている天体ということができますが、今までの学習でどんな星座の名前を知っていますか。

生徒P：オリオン座、こと座、はくちょう座、さそり座などを学びました。

先　生：これらの星座には明るく輝く1等星があるという共通の特徴がありますね。日本から見
　　　　(a)
　　　　えない南半球の空も含めて、1等星は21個しかありません。

生徒Q：そう考えるとオリオン座(**図1**)には二つの1等星があり、とても豪勢な星座ですね。恒星アとイがそれに当たります。また、オリオン座には恒星を生み出すもととなる　X
　　　　も、肉眼で見える立派なものがあります。

生徒P：どれがそれに当たりますか。

先　生：三つ星といわれる恒星たちの下にある天体**A**です。

生徒Q：太陽は、恒星の一生の中では、どのような段階ですか。赤ちゃん、それとも先生のよう
　　　　(b)
　　　　な働きざかり、あるいは老人でしょうか。

先　生：働きざかりですね。これからもしばらくの間、太陽は安定して輝き、地球に恵みを与え
　　　　　　　　　　　　　　(c)
　　　　てくれますよ。この時期を終えるとほぼ太陽の寿命が尽きたと言えるのです。

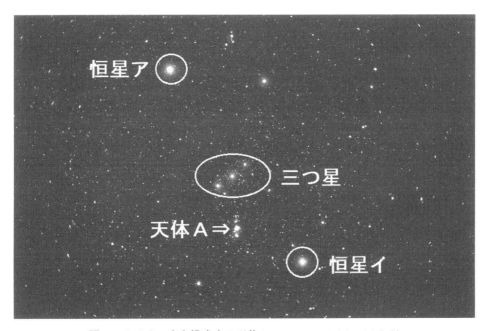

図1　オリオン座を構成する天体(NASAのWebサイトにより作成)

問1 下線部 1 等星に関連して，天体の明るさについて説明した文として最も適当なものを，次
の①〜④のうちから一つ選べ。解答番号は 1 。

① 6 等星の明るさを 1 とすると，1 等星の明るさは 100 となる。

② 0 等星より 5 等級暗い星は −5 等星になる。

③ 8 等星より 100 倍明るい星は 2 等星になる。

④ 1 等級あたりの明るさの差は 20 倍となる。

問2 文中の X に当てはまるものとして最も適当なものを，次の①〜④のうちから一つ選
べ。解答番号は 2 。

① 微惑星

② 星雲

③ オールトの雲

④ エッジワース・カイパーベルト

問3 下線部太陽は，恒星の一生の中では，どのような段階ですかに関連して，晩年の太陽の輝
く色と大きさを，現在の太陽の状態と比較した組合せとして最も適当なものを，次の①〜④
のうちから一つ選べ。解答番号は 3 。

	晩年の太陽の輝く色	晩年の太陽の大きさ
①	青っぽい	変わらない
②	青っぽい	膨張し大きくなる
③	赤っぽい	変わらない
④	赤っぽい	膨張し大きくなる

問4 下線部これからもしばらくの間，太陽は安定して輝きに関連して，これまで太陽は誕生し
てから 50 億年ほど経過し，この間，安定して輝いてきた。現在の太陽の恒星としての分類
と，現在から太陽の寿命が尽きるまでの時間の組合せとして最も適当なものを，次の①〜④
のうちから一つ選べ。解答番号は 4 。

	現在の太陽の恒星としての分類	現在から太陽の寿命が尽きるまでの時間
①	白色矮星	100 億年
②	白色矮星	50 億年
③	主系列星	100 億年
④	主系列星	50 億年

令和5年度第1回試験

2　地球と月に関する**問1**〜**問4**に答えよ。

　夜空に輝く月は，地球にとって唯一の衛星であり，人類が初めてその表面に立った地球外の天体でもある。図1は1971年，アポロ15号で月面に立った宇宙飛行士が撮影した月面の様子の写真(左)と2008年に月面探査機が撮影した同地点の地形の様子(右)を比較したものである。37年間その地形はほとんど変化していないことが分かる。2008年の観測では，アポロ15号が月面から飛び立った際にできた噴射跡も観測された。これは，月において地形が変化するスピードは，地球に比べて極めて遅いためである。

　図2は，月を周回する日本の人工衛星「かぐや」が2008年に撮影した月面の様子である。月面の黒色の部分は月の海と呼ばれ，地球の海洋地殻の上部を主に形成する黒っぽい岩石と同じ岩石でできている。

　月全体を構成する元素は地球とよく似ており，このことは月の形成過程を考える上で重要な証拠となっている。現在アメリカは月面基地の建設を計画しており，2025年以降にアポロ計画以来となる月面着陸を目指す計画を進めている。日本もまたその計画に参画しており，新たな月の姿が明らかになる日は近い。

 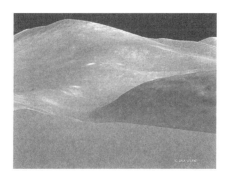

図1　1971年に撮影された月面(左)と，2008年に撮影した地形カメラの画像から作成された月面の三次元画像(右)の比較　　　　(JAXAのWebサイトより)

図2　2008年に人工衛星「かぐや」より撮影された月面の様子
(JAXAのWebサイトより)

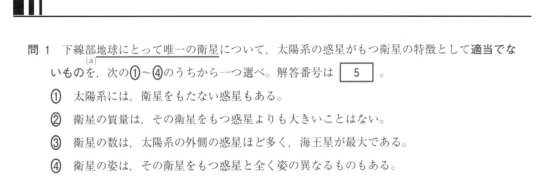

問1　下線部<u>地球にとって唯一の衛星</u>について，太陽系の惑星がもつ衛星の特徴として**適当でな**
(a)
いものを，次の①〜④のうちから一つ選べ。解答番号は　5　。

① 太陽系には，衛星をもたない惑星もある。

② 衛星の質量は，その衛星をもつ惑星よりも大きいことはない。

③ 衛星の数は，太陽系の外側の惑星ほど多く，海王星が最大である。

④ 衛星の姿は，その衛星をもつ惑星と全く姿の異なるものもある。

問2　下線部<u>月において地形が変化するスピードは，地球に比べて極めて遅い</u>について，その要
(b)
因として最も適当なものを，次の①〜④のうちから一つ選べ。解答番号は　6　。

① 月には大気がほとんどなく，風化が起こりにくい。

② 月の表面は厚い火山灰で覆われている。

③ 月の表面には流れる水が存在している。

④ 月の表面には活発なプレート運動がある。

問3　下線部<u>地球の海洋地殻の上部を主に形成する黒っぽい岩石と同じ岩石</u>について，この岩石
(c)
のでき方として最も適当なものを，次の①〜④のうちから一つ選べ。解答番号は　7　。

① マグマが地表近くで急冷してできた。

② マグマが地下深くにおいてゆっくりと固結してできた。

③ 砂や泥などの砕屑物が堆積してできた。
（さいせつ）

④ 岩石が熱や圧力によって変成してできた。

問4　下線部<u>月の形成過程</u>として考えられる有力な説を説明した文として最も適当なものを，次
(d)
の①〜④のうちから一つ選べ。解答番号は　8　。

① 原始地球が形成されたと同時に，氷主体の微惑星が少しずつ集まって形成された。

② 原始地球に他の原始惑星が衝突して，地球が分裂して形成された。

③ 原始地球の重力によって太陽系外の天体が引き寄せられ，捕獲されて形成された。

④ 原始地球の火山噴火に伴う噴出物が集まって形成された。

3 火山に関する**問1**〜**問4**に答えよ。

　日本各地，様々な場所で火山を見ることができるが，火山は世界中どこにでもあるわけではない。これは<u>マグマが特定の場所の地下で生成</u>されるためである。**図1**では日本列島の代表的な活
(a)
火山の分布，海洋プレートと他のプレートとのプレート境界，太平洋プレートの等深線(沈み込んでいる太平洋プレートの上面の同じ深さの部分を結んだ線)を模式的に示した。

　火山の噴火によって地表に放出された物質を火山噴出物といい，**図2**と**図3**は溶岩の写真である。このような火山噴出物の様子はマグマの性質によって大きく左右される。

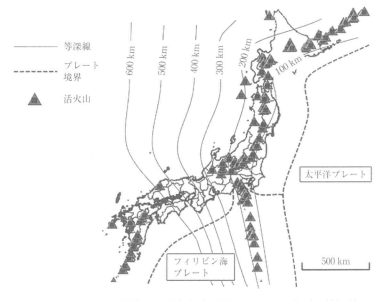

図1　日本列島の活火山の分布と太平洋プレートの上面の等深線

図2　縄状に固まった溶岩

図3　塊状に固まった溶岩

(産業技術総合研究所 Web サイトにより作成)

問1　下線部マグマが特定の場所の地下で生成について，図1を参考にして，日本で見られる活
火山の分布について述べた文として最も適当なものを，次の①～④のうちから一つ選べ。
解答番号は　9　。

① 日本列島では全ての海溝の両側に活火山が分布している。

② 東北日本の多くの活火山は太平洋プレートの等深線の $100 \sim 200$ km の間に分布してい
る。

③ 火山前線は海溝から 1000 km 離れた位置に分布している。

④ フィリピン海プレートの沈み込みによる活火山は存在しない。

問2　図2と図3の溶岩のでき方について述べたA，Bの二つの文の正誤の組合せとして最も適
当なものを，次の①～④のうちから一つ選べ。解答番号は　10　。

A　図3の溶岩は，図2の溶岩と比べて粘性が低く，広範囲にわたり流れ出るようにして固
まってできた。

B　図3の溶岩は，図2の溶岩と比べて SiO_2 に富み，噴出時の温度が低いマグマからでき
た。

	A	B
①	正	正
②	正	誤
③	誤	正
④	誤	誤

問3　火山の噴火について述べた文として**誤っているもの**を，次の①～④のうちから一つ選べ。
解答番号は　11　。

① マグマは周囲の岩石よりも密度が小さいため，浮力によって上昇し，マグマだまりで気
泡が発生すると，マグマだまり内部の圧力が高まって噴火が起こる。

② 地下水や海水とマグマが接触・混合することで，大量の水蒸気が発生し，爆発的な噴火
を引き起こすことがある。

③ 噴出時のマグマの温度が高いほど，爆発的な噴火を引き起こす。

④ 火山噴出物が高速で斜面を流れ下る現象を火砕流という。

問 4 火山の噴火に関連することがらについて述べた文として最も適当なものを，次の①〜④のうちから一つ選べ。解答番号は 12 。

① 大規模な噴火時にV字谷を形成し，風光明媚な観光地となりやすい。

② 大規模な火山噴火で放出された物質が太陽光を遮り，地球が寒冷化することがある。

③ 現在では，火山噴火の予測は容易であるため，噴火の前に必ず火山警報が発出される。

④ 火山噴火の際に放出される火山ガスの成分のうち，90 % 以上は二酸化炭素である。

4　岩石に関する**問1～問4**に答えよ。

　岩石には，火成岩，堆積岩，変成岩がある。人類が岩石を加工して利用を始めたのは石器時代からである。石器から利用範囲を広げて，建築物にも利用されるようになり，城の石垣や建物の建築資材などの石材として用いられるようになった。石材には，産地や特徴などからいろいろな名称がつけられている。

　火成岩は，マグマが冷却して固結し，形成された岩石である。このうち，深成岩である**図1**の御影石（みかげいし）と呼ばれている火成岩は建築物などの外装に多く用いられている。
_(a)

　堆積岩は，堆積物が固結して形成された岩石である。このうち，**図2**の大谷石（おおやいし）と呼ばれている
_(b)
堆積岩は凝灰岩で，比較的火に強くて加工しやすいことから門柱や壁，塀（へい）などによく用いられている。

　変成岩は，もともとの岩石が高い熱や圧力の影響を受けて形成された岩石である。たとえば，貫入したマグマに接した砂岩や泥岩が変成し形成された岩石は，黒色でかたく緻密（ちみつ）な変成岩（**図3**）
_(c)
となる。この変成岩は強度が大きく風化されにくいため，細かく砕かれたものがコンクリートに混ぜる骨材として用いられている。

　このように，岩石はそれぞれの特徴を生かして，様々な用途で利用されている。

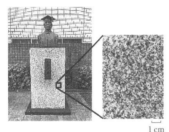

1 cm

図1　御影石の台座

3 cm

図2　大谷石の塀

図3　貫入したマグマに接した砂岩
や泥岩が変成し形成された岩石

問1　下線部御影石は，白っぽい岩石で，石英やカリ長石，黒雲母などの結晶が互いに組み合っ
(a)
　　　た岩石組織をしている。御影石の岩石名として最も適当なものを，次の**①～④**のうちから一
　　　つ選べ。解答番号は　13　。

　　①　砂岩

　　②　花こう岩

　　③　流紋岩

　　④　石灰岩

問 2 下線部堆積岩は，堆積物が固結して形成されたについて，堆積物を固結させる働きとして
(b)
最も適当なものを，次の①〜④のうちから一つ選べ。解答番号は 14 。

① 続成作用

② 凝結

③ 核融合反応

④ 石基

問 3 堆積岩を4つに分類したとき，凝灰岩が属する分類として最も適当なものを，次の①〜④
のうちから一つ選べ。解答番号は 15 。

① 生物岩

② 化学岩

③ 砕屑岩

④ 火山砕屑岩

問 4 下線部貫入したマグマに接した砂岩や泥岩が変成し形成された岩石は，黒色でかたく緻密
(c)
な変成岩について，この岩石名として最も適当なものを，次の①〜④のうちから一つ選べ。
解答番号は 16 。

① 結晶片岩(片岩)

② 玄武岩

③ ホルンフェルス

④ 片麻岩

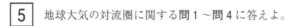

5 地球大気の対流圏に関する**問1**~**問4**に答えよ。

　対流圏上層部を飛行する旅客機には，安全かつ快適な運航のため，様々な工夫がされている。**図1**は地表から圏界面付近までの気温，気圧の分布である。旅客機が飛行する高度は約10000 m
　　(a)
であり，地上の気温や気圧とは差が大きい。そこで旅客機内では，気圧を調整する装置とエアコンを使って地上と似た環境を作り出している。しかし，旅客機内の気圧は約0.8気圧であり，地上
　　　　　　　　　　　　　　　　　　　　　　　　　　　　　　(b)
とは異なる環境のため，フライト中に耳が痛くなることもある。**表1**はA社における東京(羽田)－沖縄(那覇)間のフライト情報である。東京発と沖縄発の各便では所要時間に差が生じており，これは対流圏上層部での大気の流れと関わりがある。

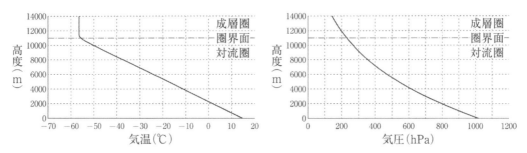

図1　地表から圏界面付近までの気温，気圧の分布(米国標準大気モデル1976により作成)

表1　東京－沖縄間のフライト情報(A社)

東京　⇒　沖縄			沖縄　⇒　東京		
便情報	発着時刻		便情報	発着時刻	
AA403	東京(羽田)発	沖縄(那覇)着	AA404	沖縄(那覇)発	東京(羽田)着
	07：25	10：20		11：10	13：25
	所要時間：2時間55分			所要時間：2時間15分	

問1　下線部旅客機が飛行する高度は約10000 mについて，この高度での気温は何℃になるか。
　　　　　　　　　　(a)
　　　図1から読み取り，最も適当なものを，次の**①**~**④**のうちから一つ選べ。
　　　解答番号は　17　。

　　　①　　15℃

　　　②　　 0℃

　　　③　　−10℃

　　　④　　−50℃

問 2 下線部旅客機内の気圧は約 0.8 気圧について，屋外において，この気圧に相当する高度は
(b)
何 m になるか。図 1 から読み取り，最も適当なものを，次の①〜④のうちから一つ選べ。
ただし，1 気圧＝ 1013 hPa とする。解答番号は　18　。

① 　600 m 　（スカイツリー上部あたり）

② 2000 m 　（富士山 4 合目あたり）

③ 4000 m 　（マウナケア山頂あたり）

④ 9000 m 　（エベレスト山頂あたり）

問 3 図 1 から読み取れることについて述べた，A，B の二つの文の正誤の組合せとして最も適
当なものを，次の①〜④のうちから一つ選べ。解答番号は　19　。

A 対流圏は上空ほど気圧が低く，成層圏では気圧は変化しない。

B 対流圏は上空ほど気温が低く，100 m 毎におよそ 0.65 ℃ 低下する。

	A	B
①	正	正
②	正	誤
③	誤	正
④	誤	誤

問 4 表 1 で東京発と沖縄発の各便で所要時間に差が生じる理由として最も適当なものを，次の
①〜④のうちから一つ選べ。解答番号は　20　。

① 東京発の便では，強い東風を避けて飛行するため，所要時間が長くなる。

② 東京発の便では，強い東風を利用して飛行するため，所要時間が長くなる。

③ 沖縄発の便では，強い西風を避けて飛行するため，所要時間が短くなる。

④ 沖縄発の便では，強い西風を利用して飛行するため，所要時間が短くなる。

令和5年度　第1回

解答・解説

【重要度の表記】

Ａ：重要度が高く確実に正答したい設問。しっかり
　　復習する必要のある問題です。

Ｂ：重要度はＡレベルよりすこし下で、やや難易度
　　が高い設問または内容を読み取る設問。高得点
　　を狙う人は復習しましょう！

Ｃ：重要度が低い、または難解な設問。軽く復習す
　　る程度でよいでしょう！

令和5年度　第1回　高卒認定試験

【 解　答 】

1	解答番号	正答	配点	2	解答番号	正答	配点	3	解答番号	正答	配点	4	解答番号	正答	配点	5	解答番号	正答	配点
問1	1	①	5	問1	5	③	5	問1	9	②	5	問1	13	②	5	問1	17	④	5
問2	2	②	5	問2	6	①	5	問2	10	③	5	問2	14	①	5	問2	18	②	5
問3	3	④	5	問3	7	①	5	問3	11	③	5	問3	15	④	5	問3	19	③	5
問4	4	④	5	問4	8	②	5	問4	12	②	5	問4	16	③	5	問4	20	④	5

【 解　説 】

1

問1　天体の明るさは等級で表し、数字が小さいほど明るい天体であることを意味します。そして、等級差5が明るさで100倍（100分の1）となるよう定義されています。すなわち、1等級の差は$\sqrt[5]{100} ≒ 2.5$倍となります。したがって正解は①となります。②の0等星より5等級暗い星は5等星になります。③の8等星より100倍明るい星は8-5=3、すなわち3等星となります。④の1等級当たりの明るさの差は、先の述べたように約2.5倍です。

解答番号【1】：①　⇒ 重要度B

問2　恒星は、水素などのガスと塵が集まった星雲（詳しくは分子雲）で誕生します。したがって正解は②となります。①の微惑星は、地球のような惑星のもととなった岩石や氷の小天体です。恒星が誕生したあと、その周囲に原始惑星系円盤というガスと塵でできた円盤がつくられ、そのうちの塵が合体を繰り返してつくられたと考えられています。③のオールトの雲は、太陽系の果てにあり太陽を球殻状に取り囲んでいると考えられている小天体群です。彗星のふるさとのひとつでもあると考えられています。④のエッジワース・カイパーベルトは、海王星軌道の外側にある無数の小天体が円盤状に分布した領域のことです。オールトの雲と同じく、彗星のふるさとのひとつと考えられています。

解答番号【2】：②　⇒ 重要度B

問3　恒星の多くは晩年を迎えると外層が膨張し、その結果、表面温度が下がって赤くなります。そのような状態になった天体を赤色巨星といいます。太陽も同様に考えられていますので、正解は④となります。

解答番号【3】：④　⇒ 重要度A

問4　中心部で水素の核融合反応を起こし安定して輝いている段階の恒星を主系列星といいます。太陽はこの段階にあたります。そして、太陽の寿命（誕生から死を迎えるまで）

はおおむね 100 億年と考えられています。したがって、正解は④となります。白色矮星は恒星の寿命が尽きた後の姿で、恒星の中心核だった部分が余熱で輝いている天体です。

解答番号【4】:④　⇒ **重要度A**

2

問1　太陽系には水星、金星、地球、火星、木星、土星、天王星、海王星の８つの惑星がありますが、そのうち水星と金星を除く６惑星が衛星を持っています。そのため①は適当です。また衛星は惑星の周囲を公転しているため、質量は必ず惑星＞衛星となります。そのため②も適当です。なお、小惑星の中には質量が同じくらいの天体が互いに回り合っているケースもあり、衛星というより二重天体と呼ぶ方がふさわしいものも見つかっています。衛星の数は、2023 年 12 月現在、土星が最多で、次いで木星、天王星、海王星、火星、地球の順となります。そのため③は適当ではありません。したがって、正解は③となります。衛星の姿は千差万別で惑星と全く異なる姿を持つものがほとんどと言えるでしょう。そのため④は適当です。

解答番号【5】:③　⇒ **重要度B**

問2　地球において地形が変化する要因は様々ですが、まず大気や液体の水による風化・侵食が挙げられます。ほかに地質的活動（火山噴火や地震）、プレートの運動なども地球における地形変化の要因です。ところが、月には大気も液体の水もプレート運動も存在しません。そのため③と④は誤りであることがわかります。そもそも流れる水やプレート運動が存在していた場合、地形が変化するスピードは速くなります。月にはかつて火山活動があり、月の表面は火山灰を含むレゴリスと呼ばれる微粒子で覆われてはいますが、そのこと自体は地形の変化とは無関係です。したがって、正解は①となります。

解答番号【6】:①　⇒ **重要度A**

問3　地球の海洋地殻の上部を主に構成する黒っぽい岩石は玄武岩です。玄武岩は火山岩の一種で、マグマが急冷して固結することでできた岩石です。したがって、正解は①となります。②のマグマが地下深くにおいてゆっくりと固結してできた岩石は深成岩で、その一種である花こう岩は地球の大陸地殻を主に構成する岩石です。③の砂や泥などの砕屑物が堆積してできた岩石は堆積岩です。砂が堆積し固結した岩石を砂岩、泥が堆積し固結した岩石を泥岩といいます。ほかにレキが堆積・固結したレキ岩、火山灰が堆積・固結した凝灰岩などがあります。④の岩石が熱や圧力によって変成してできた岩石は変成岩です。

解答番号【7】:①　⇒ **重要度B**

問4　月の誕生については、主に親子説（分裂説）、兄弟説、捕獲説、巨大衝突説の４つの考えがあり、そのうち巨大衝突説が最も有力と考えられています。巨大衝突説とはジャイアントインパクト説とも呼ばれ、原始地球に火星サイズの原始惑星が衝突して地球の一部がはぎとられ、それらが集まって月が形成されたというもので、②にあたります。したがって、正解は②となります。①は兄弟説、③は捕獲説に相当しますが、現在の地球と月の関係を矛盾なく説明することができません。④のような説は残念ながら顧みられていません。

解答番号【8】:②　⇒ **重要度B**

3

問1　図1の点線＝プレート境界が海溝に相当します。図1を見ると、太平洋プレートには活火山が見られません。そのため①は誤りです。また図1を見ると北海道から東北地方、関東地方北部、中部地方の活火山はほとんどが太平洋プレートの等深線の100～200kmの間に分布しています。そのため②は正しく、したがって、正解は②となります。②からもわかるように、火山前線は、太平洋プレートの等深線＝海溝からの距離が100～200kmの位置に分布しています。そもそも図1中に海溝から1000km離れた場所は示されていません。そのため③は誤りです。図1から九州などにフィリピン海プレートの沈み込みに起因する活火山が存在することがわかります。そのため④も誤りです。

　　　　解答番号【9】：②　　⇒ 重要度A

問2　マグマはSiO₂に富む方が、粘性が高くなります。図2と図3を見比べると図2の方が、粘性が低くサラサラと流れたであろうことが推察できます。そのためAは誤りで、Bは正しいです。したがって、正解は③となります。

　　　　解答番号【10】：③　　⇒ 重要度A

問3　火山噴火は、周囲の岩石よりも密度が小さいマグマが浮力によって上昇し、マグマだまりで気泡が発生して圧力が高まることで起こります。またマグマが水（地下水や海水）と接触すると水が瞬時に蒸発し大量の水蒸気が発生、水蒸気爆発と呼ばれる噴火を引き起こします。マグマは噴出時の温度が低いほど粘性が高く、爆発的な噴火を引き起こします。また火山噴火ではマグマのほか火山灰や火山ガスなども噴出し、それらが山の斜面を高速で流れ下る火砕流という現象を引き起こすこともあります。そのため誤っているのは③であり、したがって正解は③となります。

　　　　解答番号【11】：③　　⇒ 重要度B

問4　V字谷は河川（流水）の侵食によってつくられる地形で、火山噴火とは関係がありません。そのため①は誤りです。火山噴火の予知は地震予知に比べると実現性が高いといえますが、未だ容易とは言えず、警報を発出するまでには至っていません。そのため③も誤りです。また火山噴火の際に放出される火山ガスはその90％以上が水蒸気で、ほかに二酸化硫黄や硫化水素、塩化水素、二酸化炭素などが含まれます。そのため④も誤りです。したがって、正解は②となります。大規模な火山噴火では、放出された火山灰がジェット気流などに乗って地球の高層大気全体に広がり、地球を覆って太陽光を遮り地球の平均気温を下げることがあります。1991年にフィリピンのピナトゥボ火山が大噴火した際は、地表に達する太陽光が最大で5％減少、地球全体の平均気温が0.4℃ほど下がりました。1993年には、その影響で日本も冷夏に見舞われ米作が大打撃を受けました。

　　　　解答番号【12】：②　　⇒ 重要度B

4

問1　深成岩のうち白っぽく、石英やカリ長石、黒雲母などを含む岩石は花こう岩です。したがって、正解は②となります。①の砂岩と④の石灰岩は堆積岩で、火成岩ではありません。③の流紋岩は火成岩で白っぽい岩石ではありますが、マグマが急冷してできた火

山岩の一種です。

解答番号【13】：②　　⇒ 重要度A

問2　砂や泥といった堆積物を固結させ岩石化させる働きを続成作用といいます。したがって正解は①となります。②の凝結は、気体が液体へ状態変化する作用のことで、例えば水蒸気が水へ変わることを言います。③の核融合反応は、原子核と他の原子核が結合して別の原子核をつくる反応のことで、例えば太陽のエネルギー源は中心部における水素の核融合反応です。水素原子４つが結合しヘリウムの原子核となる際、質量の一部がエネルギーへと変換されます。④の石基は、マグマが固結してできる火成岩のうち、火山岩中に見られる細かい結晶やガラス質のことです。

解答番号【14】：①　　⇒ 重要度B

問3　地学基礎で扱う堆積岩は、砕屑物が固結した砕屑岩、火山灰などの火山噴出物が固結した火山砕屑岩、放散虫や有孔虫などの生物の遺骸（殻）が固結した生物岩、海水などに溶け込んでいた物質が化学的に沈殿して固結した化学岩の４つに分類することができます。凝灰岩は火山灰が堆積・固結した岩石ですから、火山砕屑岩に分類されます。したがって、正解は④となります。生物岩にはチャートや石灰岩が、化学岩にはチャートや石灰岩のほか岩塩や石膏が、砕屑岩にはレキ岩や砂岩、泥岩が分類されます。

解答番号【15】：④　　⇒ 重要度A

問4　ある岩石がマグマに接することで変成する作用を接触変成作用、接触変成作用を受けた岩石を接触変成岩と言います。砂岩や泥岩が接触変成作用を受けて形成された岩石はホルンフェルスです。したがって、正解は③となります。①の結晶片岩は低温高圧型の、④の片麻岩は高温低圧型の広域変成岩です。②の玄武岩は火成岩のうちの火山岩に分類される岩石で、変成岩ではありません。

解答番号【16】：③　　⇒ 重要度B

5

問1　図１の左のグラフより、高度約10000mでの気温は-50 ℃であることがわかります。したがって、正解は④です。図１のグラフからは、①の15 ℃は地上（高度0m）、②の0 ℃は高度約2000m、③の-10 ℃は高度約4000mの気温であることがわかります。

解答番号【17】：④　　⇒ 重要度A

問2　1気圧＝1013 hPaであることから、0.8気圧は、1013 × 0.8 ＝ 810.4 hPaと計算できます。図１の右のグラフから、気圧810.4 hPaの高度は約2000mであることがわかります。したがって、正解は②となります。

解答番号【18】：②　　⇒ 重要度A

問3　図１の左のグラフから、対流圏では高度ともに気温が下がり続け、成層圏では高度に因らず気温がほぼ一定であることがわかります。さらに、高度0mから高度10000mまでに気温が約65 ℃下がっています。また、図１の右のグラフからは、気圧は対流圏で

も成層圏でも高度とともに下がり続けていることがわかります。そのため、Aは誤り、B
は正しいです。したがって、正解は③となります。

解答番号【19】：③　　⇒ 重要度B

問4　表1から、東京⇒沖縄便よりも沖縄⇒東京便の方が、所要時間が短いことがわかります。日本など北半球の中緯度付近の上空には偏西風と呼ばれる強い西風が吹いています。また、ジェット気流と呼ばれる、日本上空を西から東に吹く強い西風（空気の流れ）を利用できるためです。したがって、正解は④となります。

解答番号【20】：④　　⇒ 重要度A

令和4年度 第2回
高卒認定試験

地学基礎

解答時間　50分

地 学 基 礎

（解答番号 1 〜 20 ）

1 太陽に関する問1〜問4に答えよ。

太陽からは様々な波長の電磁波が放射されており，肉眼で見ている太陽の光は A に相当する。太陽の観測は地上だけでなく，大気の影響を受けにくい人工衛星からも行われている。また，観測する電磁波の種類を変えることで太陽の様々な姿を見ることができる。図1は国立天文台の三鷹太陽地上観測による光球の画像である。図2は太陽観測衛星「ひので」によるもので，光球を拡大した時に見ることができる模様が地上よりも詳しく観測できる。この模様は，光球の下(a)で対流があるために見られるものである。図3は太陽観測衛星「ようこう」による，短い波長の電磁波で観測した画像で，彩層の外側に広がる太陽大気層である B が見られる。 B は皆既日食のときには，地上から肉眼でも観察できる。(b)

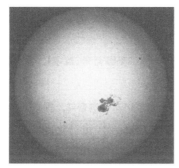

図1　太陽の光球

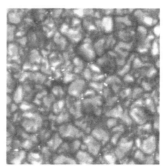

図2　光球表面の模様

（国立天文台の web サイトより）

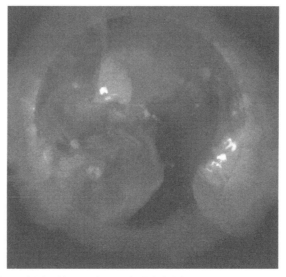

図3　彩層の外側に広がる太陽大気層（JAXA の web サイトより）

問1　文中の　A　に当てはまる電磁波の種類として最も適当なものを，次の①～④のうちから一つ選べ。解答番号は　1　。

① X線

② 紫外線

③ 可視光線

④ 赤外線

問2　下線部模様の名称として最も適当なものを，次の①～④のうちから一つ選べ。
(a)
解答番号は　2　。

① 粒状斑

② 紅炎(プロミネンス)

③ 黒点

④ 白斑

問3　文中の　B　の名称とその温度の組合せとして最も適当なものを，次の①～④のうちから一つ選べ。解答番号は　3　。

	名称	温度
①	フレア	1000 ～ 2000 K
②	フレア	100万 ～ 200万 K
③	コロナ	1000 ～ 2000 K
④	コロナ	100万 ～ 200万 K

問4　下線部皆既日食は太陽と月が一直線上に並び，見かけの大きさが等しいときに起こる。こ
(b)
のとき，地球から太陽までの距離が，地球から月までの距離の400倍あり，月の直径が地球の $\frac{1}{4}$ であるとすると，太陽の直径は地球の直径の何倍か。最も適当なものを，次の①～④のうちから一つ選べ。解答番号は　4　。

① 10

② 100

③ 1000

④ 10000

2 地球の内部構造に関する**問1～問4**に答えよ。

　地球の内部について人類が掘削^(くっさく)して調べたのはごくわずかな深さである。それより深いところは直接見ることができないが，地震波の伝わり方を解析するなどして，地球が層構造を成していることが明らかになった。

　地球の内部は構成する物質の違いによって，地殻，マントル，核の3つの層に分けられている_(a)。地殻と，マントルの上部は，物質の違いだけではなく，物理的な性質の違いからリソスフェアとアセノスフェアに分けられている。このうち，一方はプレートに相当する_(b)。

　図1のように，地球の体積の大部分を占めるマントルは場所によって温度や密度が違っており，内部の物質は対流している。**ア**では核から上昇流が生じており，プルームとよばれる。また，**イ**では沈み込んだプレートが核に向かって下降している。このような運動は地表の様子とも_(c)大きく関わっている。

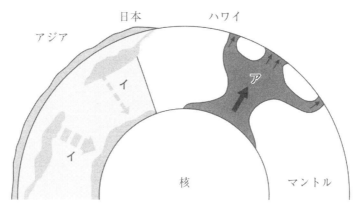

図1　マントルでの対流の様子

問1　下線部地殻，マントル，核の3つの層に分けられている_(a)について，各層を構成する物質の組合せとして最も適当なものを，次の①～④のうちから一つ選べ。解答番号は　5　。

	地殻	マントル	核
①	岩石	岩石	金属
②	岩石	金属	金属
③	岩石	金属	岩石
④	金属	岩石	金属

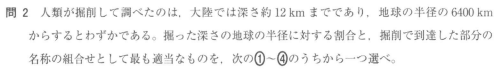

問 2　人類が掘削して調べたのは，大陸では深さ約 12 km までであり，地球の半径の 6400 km からするとわずかである。掘った深さの地球の半径に対する割合と，掘削で到達した部分の名称の組合せとして最も適当なものを，次の①～④のうちから一つ選べ。解答番号は　6　。

	半径に対する割合	掘削で到達した部分の名称
①	2 %	地殻
②	2 %	マントル
③	0.2 %	地殻
④	0.2 %	マントル

問 3　下線部一方はプレートに相当するについて，プレートに相当する部分の名称と，その物理的な性質の組合せとして最も適当なものを，次の①～④のうちから一つ選べ。解答番号は　7　。

	プレートに相当する部分の名称	物理的な性質
①	アセノスフェア	比較的温度が高く，やわらかい
②	アセノスフェア	比較的温度が低く，かたい
③	リソスフェア	比較的温度が高く，やわらかい
④	リソスフェア	比較的温度が低く，かたい

問 4　下線部地表の様子とも大きく関わっているについて，図 1 のアとイで示した動きと，それに伴う地形の組合せとして最も適当なものを，次の①～④のうちから一つ選べ。解答番号は　8　。

	動き	地形
①	ア	海溝
②	ア	ホットスポットによる火山
③	イ	海嶺
④	イ	カルスト台地

3 火成岩の分類に関する**問1**〜**問4**に答えよ。

　図1は火成岩を組織の違いから火山岩と深成岩の2つに分け，造岩鉱物の種類と含有量を示したものである。化学組成の中でSiO₂は最も多く含まれているため，その割合を火成岩の分類の基準としている。特に，火山岩は鉱物の結晶が小さく，鉱物の割合を調べるのが難しいため，分類するのにSiO_2の量を使っている。深成岩はSiO_2が多ければ白っぽくなり，少ないと黒っぽくなる傾向がある。[a]　表1は代表的な深成岩の化学組成である。

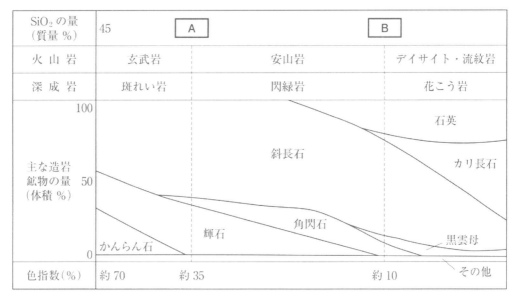

図1　火成岩の分類

表1　代表的な深成岩の化学組成（質量%）

	SiO₂	TiO₂	Al₂O₃	Fe₂O₃ + FeO	MgO	CaO	Na₂O	K₂O
斑れい岩	50.51	2.63	13.45	11.37	7.41	11.18	2.28	0.49
閃緑岩	59.20	0.70	17.10	7.10	3.70	7.10	3.20	1.30
花こう岩	72.20	0.32	14.60	2.40	1.00	1.70	2.90	4.50

問1　図1において，等粒状組織であり，輝石，角閃石，斜長石を含む火成岩はどれか。最も適当なものを，次の①〜④のうちから一つ選べ。解答番号は　9　。

① 玄武岩

② 安山岩

③ 閃緑岩

④ 花こう岩

問2 表1を参考にして，図1の SiO_2 の量 [A] と [B] に入る数値の組合せとして最も適当なものを，次の①〜④のうちから一つ選べ。解答番号は [10] 。

	A	B
①	48	66
②	48	75
③	52	66
④	52	75

問3 下線部深成岩は SiO_2 が多ければ白っぽくなり，少ないと黒っぽくなる傾向があるについて，図1では火成岩の色調を表す値として「色指数」を用いている。「色指数」とはどのような値か。最も適当なものを，次の①〜④のうちから一つ選べ。解答番号は [11] 。
  ① 岩石中に占める無色鉱物の割合(体積 %)
  ② 岩石中に占める有色鉱物の割合(体積 %)
  ③ 岩石中に占めるケイ酸塩鉱物の割合(体積 %)
  ④ 岩石中に占める造岩鉱物の割合(体積 %)

問4 図1の色指数の値と表1から，色指数と化学組成の関係を述べた文として誤っているものを，次の①〜④のうちから一つ選べ。解答番号は [12] 。
  ① 色指数が大きいほどカルシウム(Ca)が多い。
  ② 色指数が大きいほどカリウム(K)が多い。
  ③ 色指数が大きいほど鉄(Fe)が多い。
  ④ 色指数が大きいほどマグネシウム(Mg)が多い。

4 離れた地層の新旧関係に関する問1〜問4に答えよ。

　図1は，離れた4つの地点の柱状図である。柱状図は，地層の重なり方を表した図で，各地層の厚さ，種類，特徴や，化石が含まれていればその種類や名前が記されている。このように離れた地点に露出した地層を調べ，それらが同じ時代に形成された地層かどうかを決めることを　ア　という。　ア　を行う場合，特定の時代しか産出しない化石が見つかれば，離れた地点の地層の新旧関係を明らかにすることができる。

　以下は，各地点の柱状図を説明したものである。また，地殻変動などによる地層の逆転は確認されていないとする。

　　　柱状図Ⅰ：砂岩にはイノセラムスが見られた。

　　　柱状図Ⅱ：不整合面Xの上位の砂岩にビカリアが見られ，不整合面Xの下位の石灰岩には
　　　　　　　　フズリナが見られた。

　　　柱状図Ⅲ：凝灰岩bの上位と下位の砂岩にはビカリアが見られた。

　　　柱状図Ⅳ：不整合面Yの上位の石灰岩にフズリナが見られ，不整合面Yの下位の砂岩に
　　　　　　　　は，クックソニアが見られた。

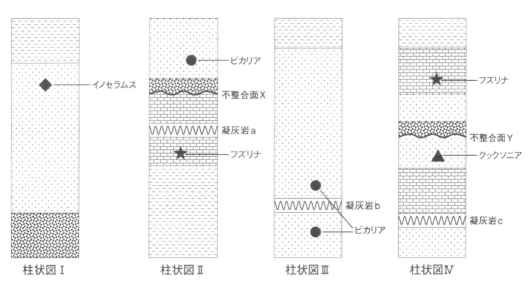

図1　各地点の柱状図

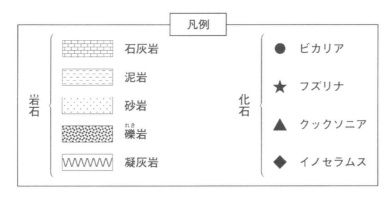

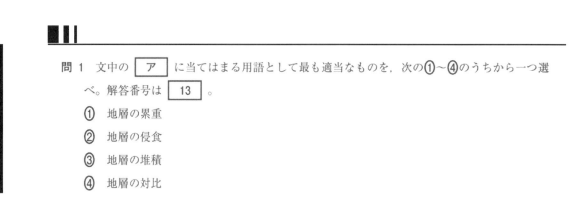

問1 文中の ア に当てはまる用語として最も適当なものを，次の①～④のうちから一つ選べ。解答番号は 13 。

① 地層の累重

② 地層の侵食

③ 地層の堆積

④ 地層の対比

問2 柱状図Ⅰの砂岩から，イノセラムスの化石が産出した。この砂岩から産出する可能性のある化石の組合せとして最も適当なものを，次の①～④のうちから一つ選べ。
解答番号は 14 。

① アンモナイト，デスモスチルス

② アンモナイト，トリゴニア

③ トリゴニア，三葉虫

④ 三葉虫，デスモスチルス

問3 上下の地層の堆積には時間的な隔たりがある場合がある。柱状図Ⅱにおいて，不整合面Xの形成に伴い，欠落している時代がいくつか推定できる。欠落している時代として**誤っている**ものを，次の①～④のうちから一つ選べ。解答番号は 15 。

① カンブリア紀

② 三畳紀

③ 白亜紀

④ 古第三紀

問4 各地点の柱状図を比較して総合的にまとめたとき，凝灰岩a，凝灰岩b，凝灰岩cを古い順番に並べた組合せとして最も適当なものを，次の①～④のうちから一つ選べ。
解答番号は 16 。

① 凝灰岩b → 凝灰岩c → 凝灰岩a

② 凝灰岩b → 凝灰岩a → 凝灰岩c

③ 凝灰岩c → 凝灰岩a → 凝灰岩b

④ 凝灰岩c → 凝灰岩b → 凝灰岩a

5 大気大循環と水蒸気の移動に関する**問1～問4**に答えよ。

地球全体で見ると、降水量と蒸発量は等しく、大気中の水蒸気量はほぼ一定に保たれている。しかし、図1に示されているように、緯度ごとの降水量と蒸発量がつり合っていない。緯度20～35°付近では、蒸発量が降水量を上回っており、海水が蒸発したことにより発生した水蒸気が大気中へと供給されている。大気中へ供給された水蒸気は、<u>大気大循環により高緯度側と低緯度側へと移動し</u>、凝結して雲を形成する。このような蒸発と凝結を伴う水蒸気の移動により、<u>熱も南</u>
(a)
<u>北方向へと輸送されている</u>。
(b)

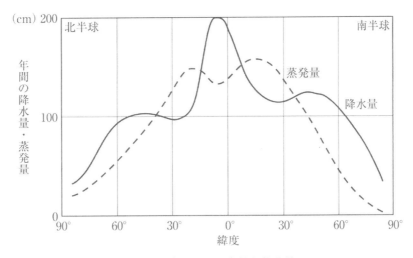

図1　緯度ごとの降水量と蒸発量

問1　下線部<u>大気大循環により高緯度側と低緯度側へと移動し</u>について、緯度20～35°付近か
(a)
ら赤道へ水蒸気を輸送する地表付近の風として最も適当なものを、次の①～④のうちから一
つ選べ。解答番号は　17　。

① 貿易風

② 偏西風

③ 極偏東風

④ 海陸風

問2　図1において、緯度40～60°付近で降水量が多くなる理由として最も適当なものを、次
の①～④のうちから一つ選べ。解答番号は　18　。

① 暖かい空気と冷たい空気が接することで、低気圧が発達するから

② 湿った空気と乾いた空気が接することで、低気圧が発達するから

③ 大陸が放射冷却により冷えることで、低気圧が発達するから

④ 海水温が低緯度の海水温よりも低くなることで、低気圧が発達するから

問 3　図1の降水量から蒸発量を引いた値は、緯度ごとの大気に含まれる水蒸気量を表している。緯度ごとの降水量から蒸発量を引いた値を表したグラフとして最も適当なものを、次の①～④のうちから一つ選べ。解答番号は　19　。

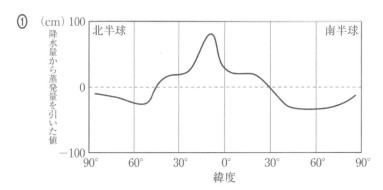

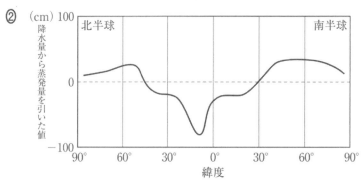

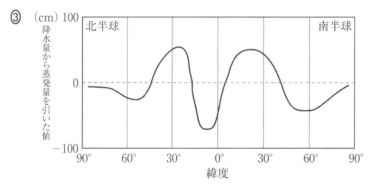

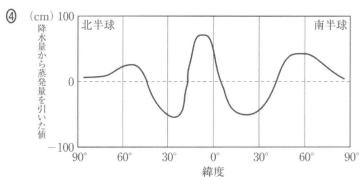

問4　下線部熱も南北方向へと輸送されている について，蒸発と凝結に伴う熱の移動に関する説
(b)
　　　明として最も適当なものを，次の①～④のうちから一つ選べ。解答番号は　20　。

①　水蒸気が水になる時も，水が水蒸気になる時も周囲から熱を吸収する。

②　水蒸気が水になる時も，水が水蒸気になる時も周囲へ熱を放出する。

③　水蒸気が水になる時は周囲から熱を吸収し，水が水蒸気になる時は周囲へ熱を放出す
　　る。

④　水蒸気が水になる時は周囲へ熱を放出し，水が水蒸気になる時は周囲から熱を吸収す
　　る。

令和4年度 第2回

解答・解説

令和4年度 第2回 高卒認定試験

【 解 答 】

1	解答番号	正答	配点	2	解答番号	正答	配点	3	解答番号	正答	配点	4	解答番号	正答	配点	5	解答番号	正答	配点
問1	1	③	5	問1	5	①	5	問1	9	③	5	問1	13	④	5	問1	17	①	5
問2	2	①	5	問2	6	③	5	問2	10	③	5	問2	14	②	5	問2	18	①	5
問3	3	④	5	問3	7	④	5	問3	11	②	5	問3	15	①	5	問3	19	④	5
問4	4	②	5	問4	8	②	5	問4	12	②	5	問4	16	③	5	問4	20	④	5

【 解 説 】

1

問1 太陽からはX線から電波まで幅広い波長の電磁波が放出されていますが、最も強く放射されているのは可視光線です。そもそも問題文に「肉眼で見ている太陽の光は」とありますから解答は一択です。可視光線以外の電磁波は、私たちの目には見えません。したがって、正解は③となります。

解答番号【1】：③   ⇒ 重要度A

問2 図2の模様は太陽の光球面全体を覆っているもので、粒状斑と呼ばれます。したがって、正解は①となります。粒状斑の正体は太陽の中心部から湧き上がるガスの塊で、常に変化しています。②の紅炎（プロミネンス）は太陽表面から立ち昇るガスの流れのことです。③の黒点は太陽表面に見られる黒い不定形の模様で、周囲より温度が低い領域です。図1の中央付近に見られる模様が黒点です。④の白斑は太陽の周縁部に見られる明るい模様で、黒点とは逆に周囲より温度が高い領域です。

解答番号【2】：①   ⇒ 重要度B

問3 彩層の外側に広がり、皆既日食時に地上から肉眼で観察できる太陽の高層大気はコロナと呼ばれます。その温度は100万K以上です。したがって、正解は④となります。フレアは彩層で発生する爆発現象のことで、その温度は1000万Kにも達します。

解答番号【3】：④   ⇒ 重要度A

問4 天体の見かけの大きさは距離に反比例します。すなわち、距離が10倍遠ざかると、見かけの大きさが10分の1になります。地球から太陽までの距離が地球から月までの距離の400倍ということは、太陽の直径は月の400倍ということになります。月の直径が地球の4分の1ですから、太陽の直径は地球の $400 \times 1/4 = 100$ 倍となります。したがって、正解は②となります。

解答番号【4】：②   ⇒ 重要度C

2

問1　地球内部を構成する3つの層のうち、地殻は花こう岩（大陸地殻）と玄武岩（海洋地殻）から、マントルはカンラン岩から、核は鉄とニッケルの合金からできています。したがって、正解は①となります。なお、核は液体の外核と固体の内核に分けられます。

解答番号【5】：①　　⇒ 重要度A

問2　人類が掘った深さの地球の半径に対する割合は、$12 \div 6400 \times 100 = 0.1875 \fallingdotseq 0.2$ %です。大陸地殻の厚みは30～40 kmですから、したがって、正解は③となります。なお、海洋地殻は厚みが6～8 kmしかないため、海洋地殻であれば掘削してマントルに到達することが技術的に可能で、日本の地球深部探査船「ちきゅう」は海洋底を掘削してマントルに到達しマントル物質の採取を目標としています。

解答番号【6】：③　　⇒ 重要度A

問3　アセノスフェアとリソスフェアのうち、プレートに相当するのはリソスフェアで、比較的温度が低くかたいです。したがって、正解は④となります。リソスフェアは厚みが約100 kmで、海嶺周辺では温度が高くて薄く、時間が経って海嶺から遠ざかると冷えつつ厚みが増していきます。

解答番号【7】：④　　⇒ 重要度B

問4　核からの上昇流であるプルーム（図1中の「ア」）は、地表に達するとプレートの発散境界である海嶺や火山が出現するホットスポットになります。したがって、正解は②となります。①の海溝はプレートの収束境界のうち沈み込み帯に生じる地形、④のカルスト台地は石灰岩からなる台地が雨水等で浸食を受けた地形で、プレート運動とは無関係です。

解答番号【8】：②　　⇒ 重要度B

3

問1　等粒状組織をもつことから、その火成岩は深成岩です。そして、輝石、角閃石、斜長石を含む深成岩は図1から閃緑岩であることがわかります。したがって、正解は③となります。①の玄武岩と②の安山岩は火成岩のうち火山岩で、④の花こう岩は深成岩ではありますが輝石を含みません。

解答番号【9】：③　　⇒ 重要度A

問2　玄武岩／斑れい岩と安山岩／閃緑岩の含有SiO_2の質量%の境界は52 %、安山岩／閃緑岩とデイサイト・流紋岩／花こう岩の含有SiO_2の質量%の境界は66 %です。したがって、正解は③となります。この値は基本事項ですので、しっかり覚えておいてください。

解答番号【10】：③　　⇒ 重要度A

問3　図1から、SiO_2の量が多ければ色指数は小さく白っぽくなり、SiO_2の量が少なければ色指数は大きく黒っぽくなることがわかります。したがって、正解は②となります。①の岩石中に占める無色鉱物の割合だとすると、色指数が大きくなると色は白っぽくなる

はずです。③のケイ酸塩鉱物の割合も多くなると白っぽくなります。④について、岩石は基本的に造岩鉱物からできていますので、「岩石中に占める造岩鉱物の割合」というのは、この表現自体が成り立ちません。

解答番号【11】：②　　⇒ 重要度B

問4　誤っているものを選びます。図1より色指数は花こう岩、閃緑岩、斑れい岩の順に大きくなることがわかります。一方、表1より花こう岩、閃緑岩、斑れい岩の順にK_2O（酸化カリウム）、すなわちカリウムの量が少なくなることがわかります。したがって、正解は②となります。①のカルシウムや③の鉄、④のマグネシウムは、表1より花こう岩、閃緑岩、斑れい岩の順に、すなわち色指数が大きくなるにつれて量が多くなることがわかります。

解答番号【12】：②　　⇒ 重要度C

4

問1　地層が同じ時代に形成されたかどうかを決めることを地層の対比といいます。したがって、正解は④となります。①の地層の累重という言葉はありません。「重なり合う2つの地層は、下にある地層のほうが、上の地層よりも古いこと」を地層累重の法則といいます。②の地層の侵食は、地層が水流や風などで削られること、③の地層の堆積はまさに砕石物が積もって地層が形成されることをいいます。

解答番号【13】：④　　⇒ 重要度A

問2　イノセラムスは中生代の示準化石です。選択肢に挙げられた化石のうち、アンモナイトとトリゴニアが中生代の生物化石です。したがって、正解は②となります。①や④のデスモスチルスは新生代の哺乳類、③や④の三葉虫は古生代の節足動物です。

解答番号【14】：②　　⇒ 重要度B

問3　誤っているものを選びます。問題文や図1の柱状図Ⅱより、不整合面Xの上の層からビカリアが、下の層からフズリナの化石が産出したことがわかります。ビカリアは新生代の古第三紀から新第三紀にかけて、フズリナは古生代の石炭紀からペルム紀にかけて生息していた生物です。したがって、正解は①となります。カンブリア紀は古生代最初の紀で石炭紀より前になります。②の三畳紀と③の白亜紀は中生代の紀です。

解答番号【15】：①　　⇒ 重要度A

問4　上下の層に産出する化石から、凝灰岩aは古生代の石炭紀かペルム紀、またはその次の紀である中生代三畳紀に、凝灰岩bは第三紀に、凝灰岩cは古生代シルル紀以前に（クックソニアは古生代シルル紀～デボン紀に生息）、それぞれ堆積したことがわかります。古い順に並べるとc→a→bとなります。したがって、正解は③となります。

解答番号【16】：③　　⇒ 重要度B

5

問1　緯度20～35°付近で吹く東から西に向かって吹く風は貿易風です。したがって、正解は①となります。②の偏西風は北緯35～60°付近で西から東に向かって吹く風のこと、③の極偏東風は北極や南極付近で東から西に向かって吹く風のことです。④の海陸風は、昼は海から陸へ、夜は陸から海へと風向が変化する風のことで、①～③と違い局地的な風です。

解答番号【17】：①　　⇒ 重要度A

問2　緯度40～60°付近で発達する低気圧は温帯低気圧と呼ばれ、暖気と寒気が接触し、軽い暖気が上方へ、重い寒気が下方へと移動するときに位置エネルギーを開放して発達します。したがって、正解は①となります。

解答番号【18】：①　　⇒ 重要度A

問3　実際に図1のグラフから大まかに緯度ごとの降水量－蒸発量の値を求めてみればわかりますが、最も簡単なのは南緯30°における降水量と蒸発量の差です。図1のグラフより南緯30°では降水量よりも蒸発量のほうが多く、降水量－蒸発量の値が負であることがわかります。選択肢のグラフを見ると、①と②は南緯30°の降水量－蒸発量の値が0、③は降水量－蒸発量の値が正になっています。したがって、正解は④となります。

解答番号【19】：④　　⇒ 重要度C

問4　水蒸気（気体）が水（液体）になることを凝結といい、これは発熱反応です。一方、水（液体）が水蒸気（気体）になることを蒸発といい、これは吸熱反応です（このときの熱を潜熱といいます）。したがって、正解は④となります。

解答番号【20】：④　　⇒ 重要度B

令和4年度 第1回
高卒認定試験

地学基礎

解答時間　50分

地 学 基 礎

（解答番号 ☐ 1 ～ ☐ 20 ）

1 銀河系とその構造に関する問1～問4に答えよ。

　晴れた日に夜空を見上げると，帯状の天の川(図1灰色の部分)を観察することができる。これ(a)は，太陽を含む約 ☐ A 個の恒星の集まりである銀河系の構造と関係が深い。天の川が観察できる方向は，その周囲より多数の恒星が重なって見えるため，明るく光って見えている。

　図1は，夏季における東京の夜空を示している。「いて座」の方向の天の川は，少し川幅が広がっているように見える。また，実際の夜空を眺めると他の部分よりもこの方向の天の川は明るい。これは銀河系の ☐ B 部を見ているためである。北半球では，夏に「いて座」の方向の天の川が見えるため，よりはっきりとその存在を確認することができる。また，夏の夜空にはペルセ(b)ウス座流星群も見え，たびたび美しい天体ショーとなる。

　図2には，夏の天の川の様子を示す。天の川の中には星間物質が密集し，背後の恒星の光をさ(c)えぎっている領域がある。

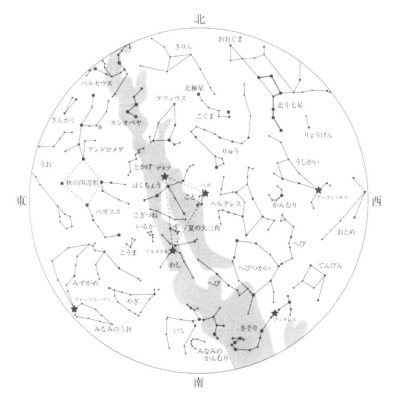

図1　8月中旬21時における東京の夜空の模式図(国立天文台のwebサイトより)

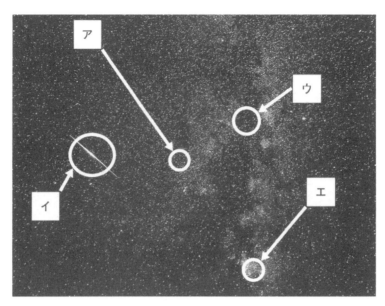

図2　夏の天の川（NASA の web サイトより作成）

問1　文中の　A　と　B　にあてはまる語句の組合せとして最も適当なものを，次の①〜④のうちから一つ選べ。解答番号は　1　。

	A	B
①	1000 億〜 2000 億	中心
②	1 億〜 2 億	中心
③	1000 億〜 2000 億	周縁
④	1 億〜 2 億	周縁

問2　下線部帯状の天の川(図1灰色の部分)を観察することができるについて，天の川が帯状に
　　　　(a)
観察できることと関係が深い銀河系の構造として最も適当なものを，次の①〜④のうちから
一つ選べ。解答番号は　2　。

① 銀河系には，ハローと呼ばれる球殻状の領域があり，その内部にはいくつもの星団が存在している。

② 銀河系には，恒星が特に多く存在する円盤部と呼ばれる領域が存在している。

③ 銀河系の中心には，ブラックホールが存在している可能性がある。

④ 銀河系内の恒星は，その多くが数十〜数百万個の恒星の集まりである星団を作って存在している。

問 3 　光は遠い場所で発生したものほど長い時間をかけて地表に到達する。下線部ペルセウス座
流星群に関して，流星の光が発生してから地表に届くまでの時間に最も近いものを，次の
_(b)
①～④のうちから一つ選べ。解答番号は　3　。

① 　ペルセウス座を構成する恒星からの光が地表に届くまでの時間

② 　銀河系の中心付近からの光が地表に届くまでの時間

③ 　太陽からの光が地表に届くまでの時間

④ 　上空に打ち上げた花火からの光が地表に届くまでの時間

問 4 　下線部星間物質が密集し，背後の恒星の光をさえぎっている領域について，図 2 の中でこ
_(c)
の部分として最も適当なものを，次の①～④のうちから一つ選べ。解答番号は　4　。

① 　ア

② 　イ

③ 　ウ

④ 　エ

令和４年度第１回試験

2　太陽系の特徴やその形成に関する**問１**〜**問４**に答えよ。

　太陽系にはいくつかの特徴があるが，次の**特徴A〜C**に示される３つについて着目した。これらの特徴は，太陽系がどのようにして形成されたかを考える上で重要な情報となっている。

　　特徴A　太陽の自転方向と惑星の公転方向が　　X　　である。

　　特徴B　惑星がほぼ同一平面上を公転する。

　　特徴C　惑星が地球型惑星，木星型惑星の２つのグループに分かれる。

問１　**特徴A**に関して，各惑星の自転や公転の特徴について，地球のそれと比較して述べた文として**誤っている**ものを，次の①〜④のうちから一つ選べ。解答番号は　　5　　。

　①　水星の自転周期は短いため，昼と夜がそれぞれ数十日以上続く。

　②　金星の自転の向きは逆である。

　③　火星の公転周期は外側の軌道を回っているので長い。

　④　木星の自転周期は短く，赤道方向に膨らんだ回転楕円体である。

問２　**特徴A**の　　X　　にあてはまる語句と太陽系がどのように形成されたかの説明との組合せとして最も適当なものを，次の①〜④のうちから一つ選べ。解答番号は　　6　　。

	X	太陽系がどのように形成されたか
①	同じ	渦を巻く星雲から太陽が作られた後，別の星雲で作られていた各惑星が太陽に近づき，太陽の周りを公転し始めた。
②	逆	渦を巻く星雲から太陽が作られた後，別の星雲で作られていた各惑星が太陽に近づき，太陽の周りを公転し始めた。
③	同じ	渦を巻く星雲から太陽が作られ，同じ星雲から各惑星も作られ，太陽の周りを公転し始めた。
④	逆	渦を巻く星雲から太陽が作られ，同じ星雲から各惑星も作られ，太陽の周りを公転し始めた。

問 3 **特徴B**に関して，公転周期が300年の太陽系外縁天体Pを考える。図1は，天体Pと地球の公転軌道の様子を模式的に示したもので，公転軌道面は一致している。天体Pを地球から観測したときの結果として最も適当なものを，下の①〜④のうちから一つ選べ。ただし，観測は夜間に行うものとする。解答番号は 7 。

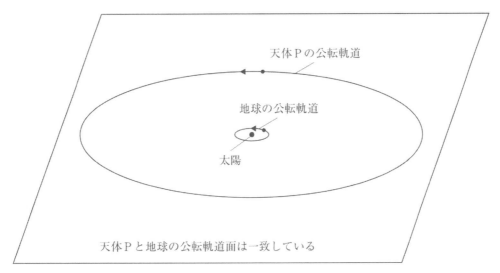

図1 天体Pと地球の公転軌道の様子

① 約150年間は地球上のどの地点でも観測できるが，次の約150年間は観測できない。

② 300年間，地球上のどの地点でも季節に関係なく1年中観測できる。

③ 300年間，地球の北半球では観測できるが，南半球では観測できない。

④ 観測を始めた年に北半球の夏に観測できるとすると，約150年後には北半球の冬に観測することができる。

問 4 **特徴C**に関して，太陽系の惑星を地球型惑星と木星型惑星の2つに分類すると，それぞれのグループに共通する特徴がいくつかある。その特徴の一つとして最も適当なものを，次の①〜④のうちから一つ選べ。解答番号は 8 。

① 惑星の色

② 惑星の平均密度

③ 惑星における水の有無

④ 地球から見える惑星の明るさや時間帯

3 造山運動に関する**問1～問4**に答えよ。

ヒマラヤ山脈についてのドキュメンタリー番組を見たI君は，エベレスト山頂付近の地層で海の生物と考えられている三葉虫やウミユリの化石が見られることを知った。そこで，なぜ世界で一番高い山脈であるヒマラヤ山脈に海の生物の化石が見られるのか，ヒマラヤ山脈のでき方を調べてみることにした。以下はその結果である。

【調べてみて分かったこと】

・造山運動などの地殻変動は，プレートが動いているために起こるという考え方で説明がされている。図1のようにヒマラヤ山脈は4000万～5000万年前ごろに<u>インド・オーストラリアプレート上のインド亜大陸とユーラシアプレート上のユーラシア大陸が衝突した</u>ことによって形成された。
(a)

・ヒマラヤ山脈には造山運動によってつくられた地質構造(**図2**)が数多く見られる。

・かつてインド亜大陸とユーラシア大陸の間にあった海の堆積物が大陸の上にのり上げることにより，三葉虫やウミユリの化石を含む地層が陸上に上がり，その後も隆起を続けたことで<u>標高8000mを超える高さまで持ち上げられた。</u>
(b)

・インド・オーストラリアプレートは現在も年間約5cm移動しており，ヒマラヤ山脈の隆起も年間数mm程度で今も続いている。

図1　インド亜大陸の衝突の様子
（JAMSTECのwebサイトより作成）

図2　造山運動によって地層が力を受けて大きく折れ曲がった構造

（http://www.museum.kyushu-u.ac.jp/publications/special_exhibitions/PLANET/04/04-2.html より）

令和4年度第1回試験

問 1　下線部インド・オーストラリアプレート上のインド亜大陸とユーラシアプレート上のユー
　　　(a)
　　　ラシア大陸が衝突したについて，現在のヒマラヤ山脈付近のプレート境界の模式図として最
　　　も適当なものを，次の①〜④のうちから一つ選べ。なお，矢印はプレートの移動方向を示し
　　　ている。解答番号は　9　。

①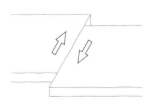

②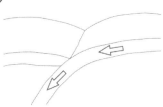

③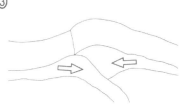

④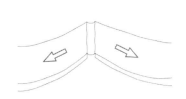

問 2　プレートの運動によってプレートの収束する境界付近で起こる現象として適当でないもの
　　　を，次の①〜④のうちから一つ選べ。解答番号は　10　。

① 地震

② 津波

③ 火山活動

④ 台風

問 3　図2のような造山運動によって地層が力を受けて大きく折れ曲がった構造の名称として最
　　　も適当なものを，次の①〜④のうちから一つ選べ。解答番号は　11　。

① 断層

② 褶曲
　しゅうきょく

③ 級化

④ 漣痕
　れんこん

問 4 　下線部標高 8000 m を超える高さまで持ち上げられたについて，ヒマラヤ山脈は隆起を続

(b)

けているが，同時に侵食を受けて削られ今の姿になっている。2 つの大陸衝突直後の 4000 万

年前のエベレスト山頂の標高が 800 m であったと仮定し，現在のエベレスト山頂の標高を

8800 m とする。衝突当初から隆起量を年間 2.0 mm で一定としたとき，衝突当初から現在

までの平均侵食量は何 mm/年になるか。最も適当なものを，次の①〜④のうちから一つ選

べ。解答番号は 　12　 。

① 　0.12 mm/年

② 　0.18 mm/年

③ 　1.2 mm/年

④ 　1.8 mm/年

4 地層の観察に関する**問1**～**問4**に答えよ。

次の**図1**は，M高校地学部が調査したある地域の地質断面図である。図中の層群**A**を構成する地層**ア**と**イ**は砕屑岩からなり，地層**ウ**を観察すると，主にサンゴやその破片から構成されていた。層群**A**（地層**ア**，**イ**，**ウ**）の花こう岩と接する部分は変成作用を受けており，<u>地層**ウ**は結晶の粒の粗い岩石に変化</u>していることが分かった。なお，複数の地層のまとまりを層群とする。
(a)

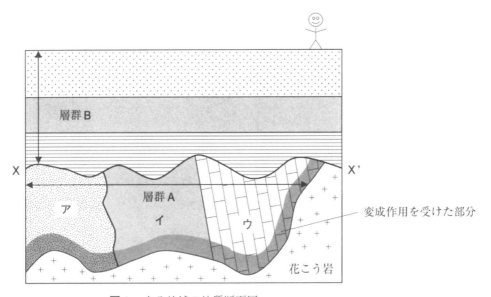

図1　ある地域の地質断面図

問1　下線部地層**ウ**は結晶の粒の粗い岩石に変化している部分は何という岩石になっているか。
(a)
最も適当なものを，次の①～④のうちから一つ選べ。解答番号は　**13**　。

① ホルンフェルス

② 結晶質石灰岩（大理石）

③ 片麻岩

④ 結晶片岩

問2　下線部地層**ウ**は結晶の粒の粗い岩石に変化について，そのように変化した主な原因として
(a)
最も適当なものを，次の①～④のうちから一つ選べ。解答番号は　**14**　。

① マグマの熱により，周囲より温度が高くなった。

② マグマによって加えられる力により，周囲より圧力が高くなった。

③ マグマの熱により，周囲より風化しやすくなった。

④ マグマが貫入したことで，周囲の岩石もマグマと同じ化学組成となった。

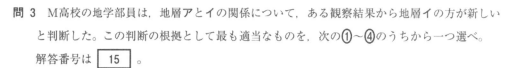

問3 M高校の地学部員は，地層アとイの関係について，ある観察結果から地層イの方が新しい と判断した。この判断の根拠として最も適当なものを，次の①〜④のうちから一つ選べ。 解答番号は 15 。

① 地層アの方が，地層イよりも固く侵食を受けにくい岩石であった。

② 地層イの方が，地層アよりも固く侵食を受けにくい岩石であった。

③ 地層イの中に地層アが侵食されてできたと思われる礫（れき）が含まれていた。

④ 地層アの中に地層イが侵食されてできたと思われる礫（れき）が含まれていた。

問4 図1の地質断面図について，層群Aが堆積した後の出来事を古い順に並べたものとして最 も適当なものを，次の①〜④のうちから一つ選べ。解答番号は 16 。

① マグマが層群Aに貫入した。 → 境界面X–X'ができた。 → 層群Bが堆積した。

② 層群Bが堆積した。 → マグマが層群Aに貫入した。 → 境界面X–X'ができた。

③ 層群Bが堆積した。 → 境界面X–X'ができた。 → マグマが層群Aに貫入した。

④ 境界面X–X'ができた。 → 層群Bが堆積した。 → マグマが層群Aに貫入した。

5 大気圏の構造に関する**問1**〜**問4**に答えよ。

　地球を取り巻く大気が広がっている範囲を大気圏という。地球の大気を構成している窒素や酸素，その他の気体の割合は，地表から高度約 80 km まではほぼ一定であるが，水蒸気は場所や時間，季節などで大きく変化している。
　図1は，大気圏の気温の鉛直分布を示したものである。大気圏は，図1のような気温の変化をもとに，A〜D層の4つに区分されている。A層とC層では上空ほど気温が下降し，B層とD層では上空ほど気温が上昇している。

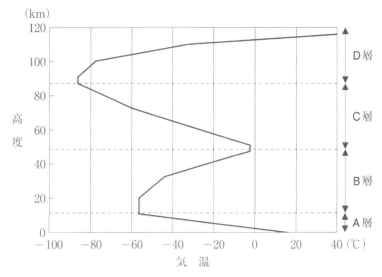

図1　大気圏の気温の鉛直分布

問 1　下線部地球の大気を構成している窒素や酸素，その他の気体の割合は，地表から高度約
　　　(a)
　　　80 km まではほぼ一定であるについて，水蒸気を除いた大気の組成において，窒素，酸素，
　　　その他の気体の体積比を示したグラフとして最も適当なものを，次の①〜④のうちから一つ
　　　選べ。解答番号は　17　。

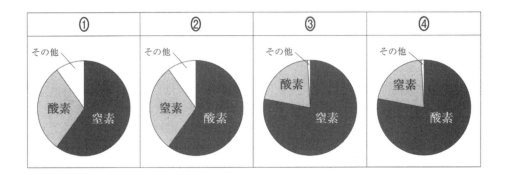

問 2　下線部地球の大気を構成している窒素や酸素，その他の気体の割合は，地表から高度約
　　　(a)
　　　80 km まではほぼ一定であるについて，その他の気体のうち，窒素や酸素に続いて体積比の
　　　割合が多いものの組合せとして最も適当なものを，次の①〜④のうちから一つ選べ。
　　　解答番号は　18　。

①　アルゴン，二酸化炭素

②　二酸化炭素，メタン

③　メタン，フロン

④　アルゴン，フロン

問 3　図1のB層とC層の名称の組合せとして最も適当なものを，次の①〜④のうちから一つ選
　　　べ。解答番号は　19　。

	B層	C層
①	成層圏	熱圏
②	成層圏	中間圏
③	対流圏	熱圏
④	対流圏	中間圏

問 4　A〜D層について述べた文のうち最も適当なものを，次の①〜④のうちから一つ選べ。

解答番号は　20　。

① 　A層では，上空ほど気温は低下するが，気圧はほぼ変わらない。

② 　積乱雲のような激しい上昇気流による雲は，B層とC層の境界面のあたりまで発達する。

③ 　上空ほど気温が下がる平均的な割合は，A層とC層ではC層のほうが大きい。

④ 　高緯度地域のD層では，オーロラが見られることがある。

令和4年度 第1回

解答・解説

令和4年度 第1回 高卒認定試験

【 解 答 】

1	解答番号	正答	配点	2	解答番号	正答	配点	3	解答番号	正答	配点	4	解答番号	正答	配点	5	解答番号	正答	配点
問1	1	①	5	問1	5	①	5	問1	9	③	5	問1	13	②	5	問1	17	③	5
問2	2	②	5	問2	6	③	5	問2	10	④	5	問2	14	①	5	問2	18	①	5
問3	3	④	5	問3	7	④	5	問3	11	②	5	問3	15	③	5	問3	19	②	5
問4	4	③	5	問4	8	②	5	問4	12	④	5	問4	16	①	5	問4	20	④	5

【 解 説 】

1

問1 銀河系（天の川銀河とも呼ばれます）は、約1000億～2000億個もの恒星の大集団です。真上から見ると渦を巻いた円盤状をしていて、真横から見ると中心部が膨らんでいます。中心方向は夏の星座であるいて座の方向にあります。したがって、正解は①となります。銀河の中には1億～2億個の恒星からなるものもあり、矮小銀河と呼ばれます。天の川銀河のまわりには十数個の矮小銀河が見つかっています。

　　解答番号【1】：①　　⇒ ■重要度A

問2 銀河系の形は、中心部がやや膨らんだ円盤状です。私たちが暮らす地球、ひいては地球を含む太陽系は銀河系の円盤部の端のほうに位置しています。そのため、円盤の方向を見ると帯状に星が密集して見えるというわけです。したがって、正解は②となります。①と③は、文としては誤りではありませんが、天の川が帯状に見える理由とは関係がありません。④は文そのものが間違っています。

　　解答番号【2】：②　　⇒ ■重要度A

問3 流星は、太陽系内を公転している粒径が1mmにも満たない小さな砂粒（塵）が地球の大気圏に高速で突入し発光する現象です。発光している高度はおよそ100km程度です。そのため流星の光が発生してから、ほぼ一瞬で地表まで届きます。したがって、正解は④となります。

　　解答番号【3】：④　　⇒ ■重要度C

問4 星間物質が密集し、背後の恒星の光をさえぎっている領域を暗黒星雲といいます。図2の写真の中で暗黒星雲に相当するのは「ウ」です。したがって、正解は③となります。なお、「イ」はおそらく流星です。

　　解答番号【4】：③　　⇒ ■重要度B

2

問1　誤っているものを選びます。水星の公転周期は約88日で、地球よりも格段に短いです。したがって、正解は①となります。②〜④に誤りはありません。金星は地球とは反対向きに自転していて、その周期は約243日です。火星は地球のすぐ外側を公転する惑星で、公転周期は約687日です。木星の自転周期は約9.5時間で、そのため強い遠心力が発生し、赤道方向に膨らんでいます。

　　　解答番号【5】：①　　⇒ 重要度A

問2　太陽は、収縮をしながら回転するガスの円盤（星雲）からつくられ、太陽系の惑星は、同じガスの円盤（原始太陽系円盤）の中でつくられました。そのため、太陽の自転方向と惑星の公転方向は同じで、すべて同じ向きに公転しています。したがって、正解は③となります。

　　　解答番号【6】：③　　⇒ 重要度B

問3　天体Pの公転軌道面と地球の公転軌道面が一致しているということは、天体Pは、地球からは黄道上を運動していくように見えます。黄道は天の赤道と23.4度の角度で交差していますから、天体Pは、約150年間は北半球側に、次の約150年間は南半球側に位置することになります。このことから、①〜③は誤りであることがわかります。たとえば、地球上のどの地点でも観測できるのは天体Pが春分点と秋分点に位置しているときだけであり、地球上のどの地点でも1年中観測できる空の領域はそもそも存在しません。したがって、正解は④となります。観測を始めた年の約150年後には、天体Pは公転軌道を半周したことになり、観測できるようになるのは逆の季節になります。

　　　解答番号【7】：④　　⇒ 重要度B

問4　地球型惑星は岩石惑星とも呼ばれ、主に金属鉄やケイ酸塩鉱物からできています。一方、木星型惑星は巨大ガス惑星とも呼ばれ、中心部に岩石や金属でできた核はあるものの、大部分が水素やヘリウムといったガスからできています。したがって、正解は②となります。①の惑星の色は、表面にある物質や大気の成分に左右されます。たとえば、同じ地球型惑星でも地球は表面に海があるために青く見え、火星は酸化鉄を主成分とする砂に覆われているため赤茶けて見えます。③の惑星における水の有無は、さまざまな要因が絡み合って決まりますが、最も重要な要素は太陽からの距離です。太陽に近過ぎると水は蒸発してしまいますし、太陽から遠すぎると水はすべて凍り付いてしまいます。液体の水が存在する惑星は地球と、おそらく火星です。④の地球から見える惑星の明るさや時間帯は、地球との距離や位置関係で決まります。たとえば、地球より太陽に近い軌道を公転している水星と金星は夕方や明け方にしか見えません。

　　　解答番号【8】：②　　⇒ 重要度A

3

問1　ヒマラヤ山脈は、どちらも大陸プレートであるインド・オーストラリアプレートとユーラシアプレートが収束する境界で、両者の衝突によってつくられました。したがって、正解は③となります。①はプレートどうしがすれ違う境界、④はプレートが拡大（発散）していく境界（海嶺）です。②は大陸プレート（左）と海洋プレート（右）の収束境界で、密度が小さい海洋プレートが大陸プレートに沈み込んでいます。そこでは山脈のほか、海溝と呼ばれる谷状地形がつくられます。

解答番号【9】：③　⇒ 重要度A

問2　適当でないものを選びます。プレートの収束境界では、プレートどうしの衝突や沈み込みによって岩盤に大きな力が加わり、しばしば地震が発生します。とくに大陸プレートの下に海洋プレートが沈み込むタイプの収束境界の場合、地震によって津波が発生します。また、プレートがもう一方のプレートの下に沈み込むことによって地下深部で岩石が溶融しマグマが発生するため、火山の噴火も起こります。したがって、正解は④となります。台風は気象現象であり、その発生は海水温や大気の運動に左右されるため、プレート境界とは無関係です。

解答番号【10】：④　⇒ 重要度A

問3　地層に大きな力が加わったことでできる、地層の折れ曲がり構造を褶曲といいます。したがって、正解は②となります。①の断層は地層に力が加わったことで生じた地層のズレのことです。③の級化は水中で砕屑物が堆積することによって生じる、地層をつくる粒子の粒径の変化のことです。④の漣痕は水の流れや波風によって堆積物につくられた模様のことです。

解答番号【11】：②　⇒ 重要度A

問4　4000万年前のエベレスト山頂の標高が800m、衝突当初からの隆起量が2.0mm/年で一定だとすると、4000万年間でエベレスト山頂は、4000万×2.0＝8000万mm＝8万mほど増え、標高が8万800mになっていなければなりません。しかし、現在のエベレスト山頂の標高を8800mとすると、4000万年間で7万2000mほど侵食されなければなりません。このことをふまえると、年の平均侵食量は7万2000万÷4000万＝0.0018m/年＝1.8mm/年となります。したがって、正解は④となります。

解答番号【12】：④　⇒ 重要度B

4

問1　地層「ウ」をつくる岩石は、主にサンゴやその破片から構成されていることから、石灰岩であることがわかります。石灰岩が花こう岩のもとになったマグマと接触することで接触変成作用を受けると結晶質石灰岩（大理石）となります。したがって、正解は②となります。①のホルンフェルスは砂岩や泥岩といった比較的粒が細かい砕屑岩が接触変成作用を受けてできたものです。③の片麻岩は比較的高温の広域変成作用を受けた変成岩の総称で、④の結晶片岩は比較的低温で高圧の広域変成作用を受けた変成岩の総称です。

解答番号【13】：②　⇒ 重要度A

問2　石灰岩が結晶質石灰岩（大理石）となった原因は高温のマグマに接したことで周囲より高温になったためです。したがって、正解は①となります。マグマによって圧力が高くなったり、岩石が風化しやすくなったり、岩石の化学組成が変化したりすることはありません。

　　　解答番号【14】：①　　　⇒ **重要度B**

問3　一方の地層が侵食されてできた礫がもう一方の地層に含まれる場合、後者のほうが後から堆積した砕屑物でできた地層であることがわかります。したがって、正解は③となります。地層の固さ、侵食の受けにくさは地層の新旧の判定には使えません。

　　　解答番号【15】：③　　　⇒ **重要度A**

問4　層群Aと層群Bの境界面X～X'は、その形から侵食を受けた不整合と判断することができます。ということは、層群Bが堆積する前に境界面X～X'ができたはずです。また、境界面X～X'のうち層群Bと花こう岩が接しているところは変成作用が起きていません。よって、マグマが層群Aに貫入し冷えて花こう岩となった後に層群Bが堆積したことになります。したがって、正解は①となります。

　　　解答番号【16】：①　　　⇒ **重要度A**

5

問1　高度約80kmまでの地球大気の組成は、窒素が約78%、酸素が約21%、その他が1%です。したがって、正解は③となります。

　　　解答番号【17】：③　　　⇒ **重要度A**

問2　高度約80kmまでの地球大気を構成する窒素と酸素以外の気体は、アルゴン0.9%、二酸化炭素0.03%と、両者が大部分を占めます。したがって、正解は①となります。メタンやフロンは非常にわずかにしか含まれていませんが、メタンは人間活動によって徐々に増えつつあります。フロンも人間活動によって増加した時期がありましたが、現在は削減が続いて減少傾向にあります。

　　　解答番号【18】：①　　　⇒ **重要度A**

問3　地球大気は、地表付近から鉛直方向に「対流圏」「成層圏」「中間圏」「熱圏」と分類されています。つまり、図1中のA層が対流圏、B層が成層圏、C層が中間圏、D層が熱圏です。したがって、正解は②となります。

　　　解答番号【19】：②　　　⇒ **重要度A**

問4　A層（対流圏）は上空ほど気温が低下し、かつ気圧も下がっていきます。よって、①は誤りです。積乱雲などの激しい上昇気流によって成長する雲は、対流圏（A層）と成層圏（B層）の境界面（これを対流圏界面といいます）付近まで発達することがありますが、成層圏より上に雲の最上部が達することはありません。よって、②も誤りです。A層とC層の高さによる気温低下の割合は図1から読み取ることができます。A層は高さがおよそ10km上がったことで気温が60℃ほど下がっています。よって、変化率は

6 ℃/km です。一方、C層は高さが 40 km 上がったことで気温が 80 ℃ほど下がっています。よって、変化率は 2 ℃/km です。つまり、③も誤りということになります。したがって、正解は④となります。オーロラの発生高度は地表から 100 km 以上の熱圏（D層）で、通常は高緯度地域でしかオーロラを見ることはできません。

解答番号【20】：④　　　⇒ 重要度B

令和3年度 第2回
高卒認定試験

地学基礎

解答時間　50分

地 学 基 礎

$$\left(解答番号 \boxed{1} \sim \boxed{20}\right)$$

1 宇宙の進化に関する**問1~問4**に答えよ。

図1は宇宙の誕生から現在までの歴史を示した模式図である。宇宙は，今から約 $\boxed{ア}$ 年前に物質・空間・時間さえもない無の状態から突然誕生したと考えられている。誕生したばかりの宇宙は，極めて短時間に急激な膨張を起こし，超高温・超高密度の火の玉宇宙が形成された。これを $\boxed{イ}$ という。その後，宇宙空間は時間とともに膨張し，密度や温度が低下するとともに，今見ることができる様々なものがつくられてきた。宇宙誕生の $1/10^5$ 秒後には，水素の原子核である $\boxed{ウ}$ や中性子がつくられ，数分後にはそれらから $\boxed{エ}$ の原子核がつくられた。さらに，宇宙誕生の38万年後には温度が3000 Kまで低下し，原子がつくられた。

その後も宇宙は膨張とともに冷えていき，物質分布に差が生まれた。そして，宇宙誕生の数億年後には，密度が高くなったところで最初の<u>恒星が生まれた</u>。その後，銀河や銀河団が次々と形成され，現在の宇宙の大規模構造がつくられたと考えられている。
(a)

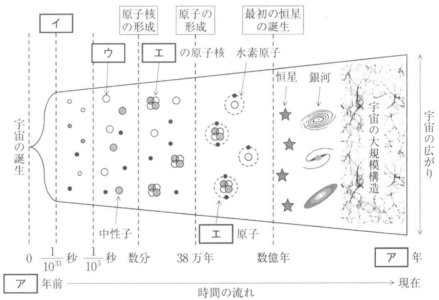

図1　宇宙の誕生から現在までの歴史を示した模式図

問1　文中の $\boxed{ア}$ にあてはまる数値として最も適当なものを，次の**①~④**のうちから一つ選べ。解答番号は $\boxed{1}$ 。

① 20億

② 35億

③ 46億

④ 138億

■III

問2　文中の　イ　に入る語句として最も適当なものを，次の①〜④のうちから一つ選べ。
解答番号は　2　。

① フレア

② ビッグバン

③ ジャイアント・インパクト

④ プロミネンス

問3　文中の　ウ　と　エ　に入る語句の組合せとして最も適当なものを，次の①〜④のうちから一つ選べ。解答番号は　3　。

	ウ	エ
①	電子	ヘリウム
②	電子	酸素
③	陽子	ヘリウム
④	陽子	酸素

問4　下線部恒星が生まれたについて，恒星は星間物質が周囲より密に分布する星間雲で生まれ
(a)
る。若い恒星が誕生しつつある星間雲として誤っているものを，次の①〜④のうちから一つ
選べ。解答番号は　4　。

① こと座環状星雲（惑星状星雲）

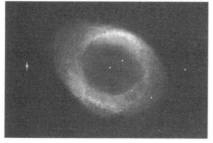

② オリオン大星雲（散光星雲）

③ オリオン座馬頭星雲（暗黒星雲）

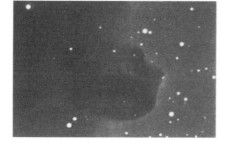

④ バラ星雲（散光星雲）

（国立天文台の web サイトにより作成）

2 | 太陽系の天体に関する**問1**〜**問4**に答えよ。

図1は2020年7月の朝方，日本のある場所で全天球を観測した模式図である。この図は円周が地平線に，中心が天頂(観測者の真上)に相当している。この日は水星と金星を東の方角に，木星と土星を西南西の地平線の近くに肉眼で見ることができた。さらに，望遠鏡を用いると天王星や海王星も観測することができた。この日以降観測を続けると火星は日に日に明るさを増していき，10月の初め頃には明るさは最大になり，一晩中観測することができた。
(a)
(b)

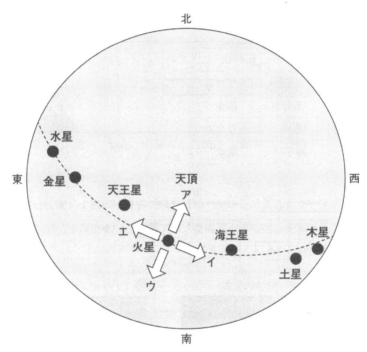

図1　2020年7月の朝方，日本のある場所で全天球を観測した模式図

(国立天文台のwebサイトにより作成)

問1　図1の1時間後に，火星はどちらの方向に動いたか。図1に示された火星の動いた方向を表す矢印として最も適当なものを，次の**①**〜**④**のうちから一つ選べ。解答番号は　5　。

① ア

② イ

③ ウ

④ エ

問2 天球上の惑星分布を調べて見ると，**図1**の点線に示すように1つの曲線上に配列していることが分かる。このように惑星が1つの曲線上に並んで見える理由として最も適当なものを，次の①～④のうちから一つ選べ。解答番号は 6 。

① 各惑星の自転周期がほぼ同じであるから。

② 各惑星の公転周期がほぼ同じであるから。

③ 各惑星の公転軌道面がほぼ同じであるから。

④ 各惑星の公転速度がほぼ同じであるから。

問3 下線部望遠鏡を用いると天王星や海王星も観測することができたについて，太陽系の範囲
(a)
内で海王星軌道の外側の部分に存在するものとして最も適当なものを，次の①～④のうちから一つ選べ。解答番号は 7 。

① ハビタブルゾーン

② 太陽系外縁天体

③ 白色矮星
（わい）

④ 小惑星帯

問4 下線部10月の初め頃には明るさは最大になり，一晩中観測することができたについて，
(b)
このときの火星と地球の距離として最も適当なものを，次の①～④のうちから一つ選べ。ただし，太陽と火星の距離を1.5天文単位とする。解答番号は 8 。

① 0.5天文単位

② 1.0天文単位

③ 1.5天文単位

④ 2.0天文単位

3 火成岩の特徴や性質に関する**問1~問4**に答えよ。

　地学部員のY君は，放課後，顧問の先生と共に地学室の整理を行った。火成岩と分類された標本棚の引き出しを開けるとラベルのない2つの岩石が見つかった。これらの岩石（火成岩AとB）を調べると観察1~3のような特徴を示していた。

【観察1】
　火成岩**A**　細粒で白っぽく，色の濃淡による縞模様が見られた（図1）
　火成岩**B**　細粒でかなり濃い灰色がかった色をしていた（図2）

図1　火成岩A　　　　　　　　　　　　　図2　火成岩B

【観察2】
　岩石の密度を測ると，火成岩Aは2.50 g/cm³，火成岩Bは2.80 g/cm³であった。

【観察3】
　岩石の一部を切断し，それを岩石薄片にして偏光顕微鏡で観察したところ図3，4のような組織が観察できた。

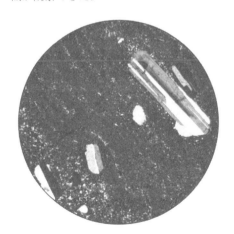
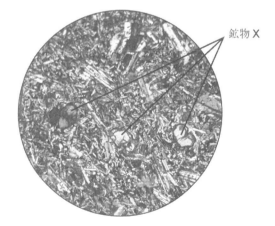

鉱物X

図3　火成岩Aの偏光顕微鏡写真　　　　図4　火成岩Bの偏光顕微鏡写真

偏光顕微鏡写真の視野の直径は2 mm

問1 観察1～3の特徴から,火成岩**A**の岩石名として最も適当なものを,次の①～④のうちから一つ選べ。解答番号は $\boxed{9}$ 。

① はんれい岩

② かんらん岩

③ 閃緑岩

④ 流紋岩

問2 岩石には様々な元素が含まれている。岩石の化学組成は,各元素の酸化物の形として表す。火成岩**A**と**B**に最も多く含まれる化学成分として最も適当なものを,次の①～④のうちから一つ選べ。解答番号は $\boxed{10}$ 。

① Na_2O

② MgO

③ SiO_2

④ Al_2O_3

問3 火成岩**B**を偏光顕微鏡で観察したところ(**図4**),大きくて目立つ有色鉱物は鉱物**X**のみで,輝石は確認されなかったことから,火成岩**B**は玄武岩であると考えられた。この考察の根拠となった岩石の組織名と鉱物**X**の鉱物名の組合せとして最も適当なものを,次の①～④のうちから一つ選べ。解答番号は $\boxed{11}$ 。

	組織名	鉱物名
①	斑状組織	黒雲母
②	斑状組織	かんらん石
③	等粒状組織	黒雲母
④	等粒状組織	かんらん石

問4 岩石の密度を測定するときに,重さは 秤 で計測できるが,岩石は形が一定ではないため体積の測定には工夫が必要である。岩石の体積を測る方法として**誤っているもの**を,次の①～④のうちから一つ選べ。ただし,岩石は完全に水没しているものとする。解答番号は $\boxed{12}$ 。

① ビーカーに水を満杯にし,岩石を入れてこぼれた水の重さから体積が求まる。

② 水を十分に入れたビーカーを秤に乗せて重さを測る。次にビーカーの底に岩石を沈めた。このとき増えた重さから体積が求まる。

③ バネばかりに岩石をつるし,岩石の重さを測る。次にこのまま岩石をビーカーの水の中に入れ,底につけないようにして測ると重さが減少した。この差から体積が求まる。

④ 水を入れたメスシリンダーの底に岩石を沈め,水の体積の増加分の目盛りを読み取ることから体積が求まる。

4 地層に関する**問1〜問4**に答えよ。

　　図1はG君が地学の野外実習で観察した露頭のスケッチと堆積構造の写真である。露頭全体は柔らかい地層で，主に砂でできていた。ここでは，泥やれきを含んだ堆積構造**ア**や**イ**が見られた。特に堆積構造**ア**は下層の縞模様が上層によって切断されていた。堆積構造**イ**が見られる地層は，下部から上部に向かって粒径が小さくなっている砂層であり，泥層との互層になっていた。この地層は上の地層と違い大きく傾斜しており固かった。この砂層と泥層の互層の上には礫を含む水平な地層が見られ，ここを境界面**ウ**とした。

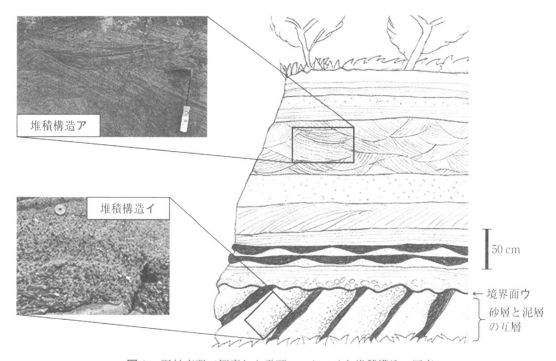

図1　野外実習で観察した露頭のスケッチと堆積構造の写真

問1　地層を観察する際に最も重要となる法則があり，それは「地層累重の法則」と呼ばれている。この法則を説明した文として最も適当なものを，次の**①〜④**のうちから一つ選べ。
解答番号は　13　。

①　地層は下から上に堆積していくため，地層の逆転がない場合は，新しい地層が上位に重なる。

②　堆積物は上に重なるものの重さで圧縮・脱水され，さらに粒子間に新しい鉱物ができ固結する。

③　離れた地域の地層でも，化石や火山灰から，それらが同じ時代の地層であることが確かめられる。

④　水流の強い場所では大きな粒子が堆積し，水流の弱いところでは小さな粒子が堆積する。

問2 図1の堆積構造アの名称と堆積構造イから確認できることがらの組合せとして最も適当なものを，次の①〜④のうちから一つ選べ。解答番号は 14 。

	堆積構造ア	堆積構造イから確認できることがら
①	級化層理	水流の方向
②	級化層理	地層の上下方向
③	斜交葉理（クロスラミナ）	地層の上下方向
④	斜交葉理（クロスラミナ）	水流の方向

問3 図1の境界面ウは一度隆起した地層が侵食作用を受け，沈降した後，上部に地層が堆積した面である。そのため，下の地層と上の地層は堆積した時代に大きな隔たりがある。このような関係を何というか。最も適当なものを，次の①〜④のうちから一つ選べ。
解答番号は 15 。

① 整合

② 不整合

③ 断層

④ 貫入

問4 境界面ウから下の砂層と泥層の互層は，地震や洪水時に大陸棚上から大陸斜面を海底谷に沿って砕屑物が水と混じって高速で流れ下り堆積することで形成される。この堆積物の名称とそれを形成した流れの名称の組合せとして最も適当なものを，次の①〜④のうちから一つ選べ。解答番号は 16 。

	堆積物の名称	流れの名称
①	タービダイト	混濁流（乱泥流）
②	タービダイト	火砕流
③	チャート	混濁流（乱泥流）
④	チャート	火砕流

5 エルニーニョ現象に関する**問１**～**問４**に答えよ。

　図１は太平洋赤道域の表面海水温の変化である。**図１**のグラフは**A**，**B**の海域において，海水温の平年との差を示したものである。これらによると**図１**の**A**の海域である太平洋赤道域の東部で海水温が平年より高い状態が続く期間があり，エルニーニョ現象と呼ばれている。

　図２は太平洋赤道域の平年の状態を示した模式断面図である。エルニーニョ現象のときには，海上を吹く東寄りの風の変化も関係し，海洋表面の暖水の分布や雲の発生場所，深海からの冷水の上昇が変化する。

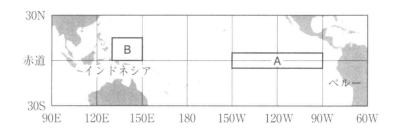

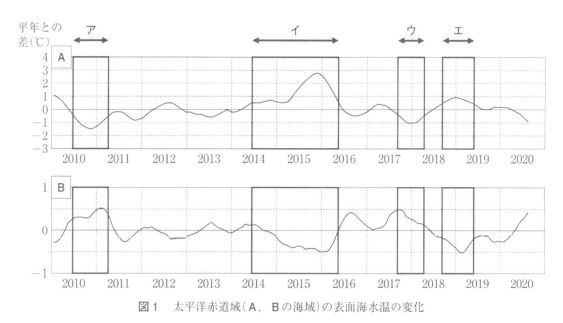

図１　太平洋赤道域（**A**，**B**の海域）の表面海水温の変化

（気象庁の web サイトにより作成）

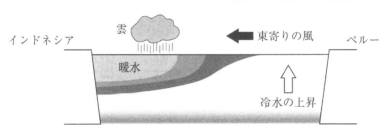

III

図2　太平洋赤道域の平年の状態を示した模式断面図

問1　図1のグラフにおいて，ア～エの期間のうち，エルニーニョ現象が発生している期間の組合せとして最も適当なものを，次の①～④のうちから一つ選べ。解答番号は　17　。

① ア，イ
② ウ，エ
③ ア，ウ
④ イ，エ

問2　エルニーニョ現象に関係する海上の東寄りの風として最も適当なものを，次の①～④のうちから一つ選べ。解答番号は　18　。

① 貿易風
② 偏西風
③ 海陸風
④ 季節風

問3　エルニーニョ現象に伴う変化を述べた文として誤っているものを，次の①～④のうちから一つ選べ。解答番号は　19　。

① 太平洋赤道域の海上を吹く東寄りの風が平年より弱くなる。
② 太平洋赤道域で周囲より水温が高い暖水域が平年より東に広がる。
③ 太平洋赤道域東部の深海からの冷水の上昇が平年より強くなる。
④ 海上における上昇気流の発生位置が変化し，日本でも異常気象が起こりやすい。

問4　エルニーニョ現象とは反対に，図1のAの太平洋赤道域の東部における海水温が平年より低い状態が続く現象を何と呼ぶか。正しいものを，次の①～④のうちから一つ選べ。解答番号は　20　。

① ヒートアイランド現象
② フェーン現象
③ デリンジャー現象
④ ラニーニャ現象

令和３年度　第２回

解答・解説

令和 3 年度　第 2 回　高卒認定試験

──────────── 【 解 答 】 ────────────

1	解答番号	正答	配点	2	解答番号	正答	配点	3	解答番号	正答	配点	4	解答番号	正答	配点	5	解答番号	正答	配点
問 1	1	④	5	問 1	5	②	5	問 1	9	④	5	問 1	13	①	5	問 1	17	④	5
問 2	2	②	5	問 2	6	③	5	問 2	10	③	5	問 2	14	③	5	問 2	18	①	5
問 3	3	③	5	問 3	7	②	5	問 3	11	②	5	問 3	15	②	5	問 3	19	①	5
問 4	4	①	5	問 4	8	①	5	問 4	12	②	5	問 4	16	①	5	問 4	20	④	5

──────────── 【 解 説 】 ────────────

1

問 1　さまざまな観測事実から、宇宙は今から約 138 億年前に誕生したと考えられています。したがって、正解は④となります。①の 20 億年前は先カンブリア時代の原生代にあたり、この頃に大気中の酸素濃度が急上昇したり最初の超大陸が誕生したりしたと考えられています。②の 35 億年前は先カンブリア時代の太古代にあたり、その頃の地層から最古の生物活動の証拠となる化石が発見されています（西オーストラリアのピルバラ地域で産出したバクテリア化石）。③の 46 億年前は地球が誕生した頃です。

解答番号【1】：4　　⇒ 重要度A

問 2　宇宙は誕生直後にインフレーションと呼ばれる急膨張を起こし、そのときに熱エネルギーが解放されて超高温・超高密度の火の玉宇宙となりました。このような状態をビッグバンといいます。したがって、正解は②となります。①のフレアは太陽などの恒星の表面で起こる爆発現象、③のジャイアント・インパクトは誕生して間もない地球に火星サイズの微惑星が衝突して月がつくられた出来事、④のプロミネンスは太陽の大気である彩層の一部が太陽コロナ中に噴き出したガスの流れのことです。

解答番号【2】：2　　⇒ 重要度A

問 3　水素原子は 1 つの陽子と 1 つの電子からなる最も単純な原子です。すなわち水素の原子核は陽子 1 つです。また陽子 2 つと中性子 2 つからなるのが、水素の次に単純な原子であるヘリウムの原子核です。したがって、正解は③となります。宇宙誕生直後の高温高密度状態でつくられたのは水素とヘリウム、わずかばかりのリチウムのみで、炭素や酸素などはのちに恒星内部の核融合反応によって合成されました。

解答番号【3】：3　　⇒ 重要度A

問4　①のこと座環状星雲は惑星状星雲と呼ばれる種類の天体ですが、それは太陽の8倍以下の質量を持つ恒星が最期を迎えた後の姿です。したがって、正解は①となります。②のオリオン大星雲や④のバラ星雲といった散光星雲は、まさに恒星が生まれつつある現場で、生まれたばかりの若い恒星が放つ紫外線によって星雲が発光しています。③のオリオン座馬頭星雲のような暗黒星雲は、星の材料となるガスや塵が濃く集まっている領域です。

　　　解答番号【4】：1　　⇒ **重要度B**

2

問1　図1の1時間後であれば、惑星をはじめ天体は日周運動によって東から西へと動いて見えます。したがって、正解は②となります。

　　　解答番号【5】：2　　⇒ **重要度B**

問2　図1中の点線は、天球上における太陽の通り道で黄道と呼ばれます。太陽が黄道上を日々動いて見えるのは地球が太陽のまわりを公転しているからで、黄道面は地球の公転軌道面ということができます。ほかの惑星が黄道上に並んでいるように見えるということは、各惑星の公転軌道面がほぼ同じであることを示しています。したがって、正解は③となります。①の自転周期は惑星によってまちまちで、地球はおよそ24時間ですが木星や土星は10時間以下と短く、その一方で金星のように243日と非常に長い惑星もあります。②の公転周期は太陽に近い惑星ほど短く、たとえば水星は88日、地球は365日、木星は12年です。太陽から離れれば離れるほど公転軌道の長さも長くなるため、④の公転速度も太陽から離れるほど小さくなります。

　　　解答番号【6】：3　　⇒ **重要度C**

問3　海王星軌道の外側には、主に氷でできた小天体が多数分布しています。これらは太陽系外縁天体と呼ばれ、かつて惑星であった冥王星も、現在は太陽系外縁天体に分類されています（太陽系外縁天体のうちいくつかの条件を満たした天体は準惑星と呼ばれ、冥王星は準惑星です）。①のハビタブルゾーンは、太陽からの距離がちょうどよく、惑星の表面に液体の水が存在できる領域のことです。③の白色矮星は、太陽の8倍以下の質量を持つ恒星が最期を迎えたあとに残された、恒星の中心核だった天体のことです。④の小惑星帯は、火星軌道と木星軌道の間にある、小惑星が数多く分布している領域のことです。

　　　解答番号【7】：2　　⇒ **重要度A**

問4　下線部(b)の状態になったとき、火星は地球から見て太陽の反対側に位置しています。したがって、10月の初め頃には太陽、地球、火星がこの順に一直線に並んだことになります。地球と火星それぞれの軌道を円と仮定すると、太陽〜地球間の距離が1.0天文単位、太陽〜火星間の距離が1.5天文単位ですから、火星と地球の間の距離は0.5天文単位となります。したがって、正解は①となります。

　　　解答番号【8】：1　　⇒ **重要度A**

3

問1　観察1の結果から火成岩Aは二酸化ケイ素が多く含まれた岩石であることが、観察3の結果から火成岩Aは斑状組織を持つ火山岩であることがわかります。二酸化ケイ素を多く含む白っぽい火山岩は流紋岩です。したがって、正解は④となります。①のはんれい岩や②のかんらん岩、③の閃緑岩はいずれも深成岩で、等粒状組織を持ちます。

解答番号【9】：4　　⇒ ■重要度A

問2　岩石は、主に二酸化ケイ素（SiO_2）を主体とするケイ酸塩鉱物からなります。とくに白色や灰色の岩石ほど二酸化ケイ素の割合が高くなります。したがって、正解は③となります。

解答番号【10】：3　　⇒ ■重要度A

問3　玄武岩は火成岩のうちの火山岩であるため斑状組織を持ちます。そして有色鉱物としてかんらん石を含み、雲母類はほとんど含みません。したがって、正解は②となります。

解答番号【11】：2　　⇒ ■重要度B

問4　②の場合、岩石には浮力が働くため、重さを測ってもその増加分から岩石の堆積を測ることはできません。つまり②の方法は誤りであり、したがって、正解は②となります。①や④の場合は岩石がその体積分押しのけた水の体積を測っているので正しく、③は浮力の大きさを測っており、浮力とは水に入れた物体と同じ体積の水に作用する重力の大きさに等しいため、やはり岩石の体積を測れることになります。

解答番号【12】：2　　⇒ ■重要度C

4

問1　地層累重の法則とは、斉一説に則って「地層は下から上に堆積し、地層の逆転がない場合は新しい地層ほど上位に来る」というものです。したがって、正解は①となります。②は続成作用についての説明、③は鍵層の説明、④は堆積作用についての説明です。

解答番号【13】：1　　⇒ ■重要度A

問2　堆積構造アは線状の模様であるラミナ（葉理）が、層理面と斜めに交わっています。このような構造を斜交葉理（クロスラミナ）といいます。クロスラミナは地層の上下判定に役立ち、水流の変化に伴ってラミナの向きが変わるため、新しいラミナが古いラミナを切っています。したがって、正解は③となります。級化層理とは、たとえば水中で静かに砂と泥が堆積するとき、粒径の大きな砂が先に沈み泥が後から沈むことでできる構造のことです。

解答番号【14】：3　　⇒ ■重要度B

問3　地層において下位の層と上の層の間に大きな隔たりがある関係のことを不整合といいます。したがって、正解は②となります。①の整合は連続して堆積した地層どうしの関係のこと、③の断層は地層が大きな力によって地層が寸断されずれた場所のこと、④の

貫入はある地層の中にマグマが入り込んで固まることをいいます。

解答番号【15】：2　　⇒ 重要度A

問4　砕屑物と水が混ざり合って、大陸斜面を流れ下り堆積してできた堆積物をタービダイトといいます。そして、このような砕屑物と水が混ざり合って高速で斜面を下るような流れのことを混濁流や乱泥流といいます。したがって、正解は①となります。チャートは二酸化ケイ素の殻を持つ放散虫などの動物の遺骸が堆積して固結した岩石のことです。また、火砕流は火山砕屑物と火山ガスが混ざり合って高速で山の斜面を流れ下る現象のことです。

解答番号【16】：1　　⇒ 重要度C

5

問1　エルニーニョ現象は、太平洋赤道域すなわち地図中のAの領域で海水温が平年よりも高い状態が続く現象のことをいいます。図1のAのグラフを見ると、イとエの期間で海水温が平年（縦軸の0）を常に上回っていることがわかります。したがって、正解は④となります。

解答番号【17】：4　　⇒ 重要度B

問2　エルニーニョ現象が起こる赤道域において吹く東寄りの風は貿易風です。したがって、正解は①となります。②の偏西風は日本のような中緯度域の上空に吹く西寄りの風のこと、③の海陸風は海と陸の温まりやすさの違いによって気圧差が生じて吹く局地的な風のこと、④の季節風はたとえば冬に日本列島付近の気圧配置が西高東低となった場合に北西から南東に向かって吹く風のことです。

解答番号【18】：1　　⇒ 重要度B

問3　エルニーニョ現象は、太平洋赤道域の上空を吹く風が弱まることで、同西部の暖水が東部に流れ込むことで生じます。すると、海上における上昇気流の発生位置が変化し日本でも異常気象が起こりやすくなるとともに、太平洋赤道域東部の深海からの冷水の上昇が妨げられ、平年より弱くなります。したがって、正解は③となります。

解答番号【19】：3　　⇒ 重要度A

問4　エルニーニョ現象とは反対に、太平洋赤道域東部の海水温が平年より低い状態が続く現象をラニーニャ現象といいます。したがって、正解は④となります。①のヒートアイランド現象は都市部の気温が周辺の郊外に比べ高くなる現象で、原因はアスファルト等による地面の被覆、人工排熱の増加、都市の高密度化であると考えられています。②のフェーン現象は、山を越えた乾燥した空気が断熱減率の違いによって高温になって下降し、風下の気温が上がる現象です。③のデリンジャー現象は太陽フレアなどによって電離層が乱され発生した通信障害のことです。

解答番号【20】：4　　⇒ 重要度A

令和３年度 第１回
高卒認定試験

地学基礎

解答時間　50分

注意事項（抜粋）

* 試験開始の合図前に，監督者の指示に従って，解答用紙の該当欄に以下の内容をそれぞれ正しく記入し，マークすること。
  ①氏名欄
  氏名を記入すること。
  ②受験番号，③生年月日，④受験地欄
  受験番号，生年月日を記入し，さらにマーク欄に受験番号（数字），生年月日（年号・数字），受験地をマークすること。
* 受験番号，生年月日，受験地が正しくマークされていない場合は，採点できないことがある。
* 解答は，解答用紙の解答欄にマークすること。例えば， 10 と表示のある解答番号に対して②と解答する場合は，次の（例）のように**解答番号 10 の解答欄の**②にマークすること。

（例）

解答番号	解　答　欄
10	① ② ③ ④ ⑤ ⑥ ⑦ ⑧ ⑨ ⓪

地 学 基 礎

$\left(\text{解答番号 } \boxed{1} \sim \boxed{20}\right)$

1 太陽系と銀河系や銀河の規模に関する問1〜問4に答えよ。

　惑星の中で太陽から一番遠い海王星の軌道の直径は約60天文単位で、光年で表すと約0.001光年となる。また、太陽から非常に離れた範囲まで、彗星の源となる天体が広がっていると考え
(a)
られており、オールトの雲と呼ばれる。オールトの雲を含めた太陽系の直径は、彗星の軌道計算から3光年ほどと考えられており、海王星の軌道に比べてかなり大きい。(図1)
(b)
　太陽系は、約2000億個の恒星や星間物質の集合体である銀河系の中にある。図2は銀河系の構造を模式的に示したものである。大部分の恒星は**ア**と**イ**に集中しているが、**ウ**にも球状星団と呼ばれる数10万個の恒星の集団があり、その分布から銀河系の中心の位置が求められた。銀河系の**イ**の直径は10万光年もあり、非常に広大なことが分かる。
(c)
　銀河系のような天体は宇宙に無数に存在する。銀河系とアンドロメダ銀河は、その周辺の約
$\boxed{\quad A \quad}$ 個の銀河を含めて一つの集まりをつくっており、局部 $\boxed{\quad B \quad}$ と呼ばれている。地球からアンドロメダ銀河までの距離は約250万光年であり、銀河系やアンドロメダ銀河の大きさに対
(d)
して、銀河どうしの距離は近いと言える。

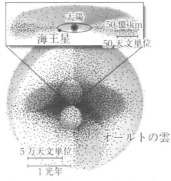

図1　太陽系の天体の広がり

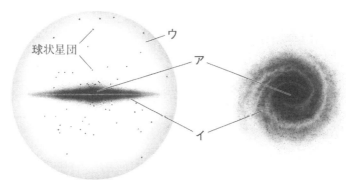

図2　銀河系の構造（国立天文台 Mitaka により作成）
右の図は、左の図の**ア**と**イ**を上から見た図である。

令和3年度第1回試験

問1　下線部約0.001光年，下線部3光年ほど，下線部10万光年について，海王星の軌道の直
　　　(a)　　　　　　　　　　(b)　　　　　　　　(c)
　　径を1mとしたとき，次の文の　X　と　Y　に入る値の組合せとして最も適当なも
　　のを，下の①〜④のうちから一つ選べ。解答番号は　1　。

　　　　オールトの雲を含めた太陽系の直径は約　X　となる。また，銀河系のイの直径は約
　　　Y　となり，この距離は地球から月までの距離の約1/4に相当する。

	X	Y
①	3 km	10000 km
②	3 km	100000 km
③	30 km	10000 km
④	30 km	100000 km

問2　図2のア〜ウの名称の組合せとして最も適当なものを，次の①〜④のうちから一つ選べ。
　　解答番号は　2　。

	ア	イ	ウ
①	円盤部（ディスク）	ハロー	バルジ
②	円盤部（ディスク）	バルジ	ハロー
③	バルジ	円盤部（ディスク）	ハロー
④	ハロー	バルジ	円盤部（ディスク）

問3　文中の　A　と　B　に入る語句の組合せとして最も適当なものを，次の①〜④のう
　　ちから一つ選べ。解答番号は　3　。

	A	B
①	数十	銀河群
②	数十	銀河団
③	数百	銀河群
④	数百	銀河団

問4　下線部アンドロメダ銀河までの距離は約250万光年について，私達が見ているアンドロメ
　　　(d)
　　ダ銀河の姿は，いつ頃発せられた光か。最も適当なものを，次の①〜④のうちから一つ選
　　べ。解答番号は　4　。
　①　新生代第四紀の一番新しい氷期（最終氷期）が終わった頃
　②　新生代第四紀の原人（原始的なホモ属）が出現した頃
　③　中生代白亜紀末の恐竜が絶滅した頃
　④　中生代三畳紀の恐竜が出現した頃

2 　地球の内部構造に関する**問１〜問４**に答えよ。

　　地球の内部は大きく分けて，地殻，マントル，核に分かれている。地殻には大陸地殻と海洋地殻がある。大陸地殻の上部には花こう岩に近い組成の岩石が存在しているが，大陸地殻の下部には海洋地殻と同様な組成の岩石が分布している。
(a)

　　図１のように地殻の下にはマントルがあり，大部分が　A　の状態になっている。また，地殻よりもマントルの方が密度は　B　。

　　核は液体の外核と固体の内核に分けられ，液体の外核は磁場の発生に関わっていると考えられている。
(b)

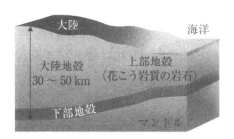 

図１　地殻とマントル

問１　下線部大陸地殻の下部には海洋地殻と同様な組成の岩石が分布しているについて，大陸地
(a)
　　殻の下部を構成する岩石は，どのような岩石と組成が似ているか。最も適当なものを，次の
　　①〜④のうちから一つ選べ。解答番号は　5　。
　　① 玄武岩
　　② 流紋岩
　　③ 安山岩
　　④ 石灰岩

問２　文中の　A　と　B　に入る語句の組合せとして最も適当なものを，次の①〜④のう
　　ちから一つ選べ。解答番号は　6　。

	A	B
①	固体	大きい
②	固体	小さい
③	液体	大きい
④	液体	小さい

問 3　核の形成過程を説明した文として最も適当なものを, 次の①～④のうちから一つ選べ。

解答番号は　7　。

① 微惑星が集まって原始惑星をつくるときに, 金属を多く含む微惑星が最初に集積して, 核を形成した。

② マグマオーシャンが形成されたときに, その中で密度の大きい金属成分が沈んで核を形成した。

③ 海嶺などでマグマが形成されるときに, マグマに含まれる金属が沈んで核を形成した。

④ プレートが沈み込むときに, 岩石よりも密度の大きい金属が分離して核を形成した。

問 4　下線部核は液体の外核と固体の内核に分けられについて, 核の断面図における内核が占める大きさの割合を示した図として最も適当なものを, 次の①～④のうちから一つ選べ。
(b)

解答番号は　8　。

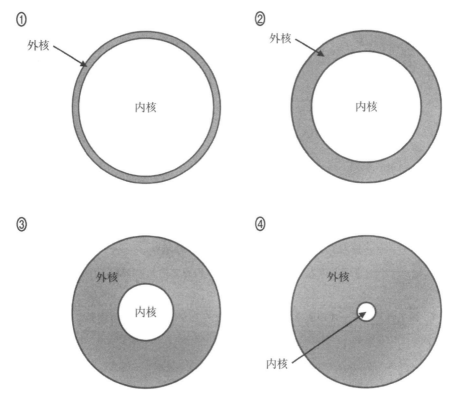

外周の円は核の大きさを表し, 灰色の部分は外核, 白色の部分は内核を表している。

令和３年度第１回試験

112

3 　プレートと地震に関する問1〜問4に答えよ。

　地球の表面は，図1のように10数枚からなるプレートでできている。図1のア，イ，オは，プレートどうしが収束している境界である。図1のウは，プレートどうしがすれ違う境界である。図1のエは，プレートどうしが互いに離れていくプレートの拡大（発散）境界である。プレートどうしの境界では，隣り合うプレートどうしの相対的な動きから，地震をはじめとして様々な現象が起こっている。

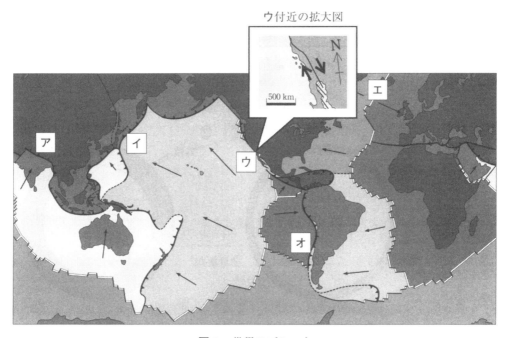

図1　世界のプレート

======= 拡大する境界　　━━▲━━ 収束する境界　　——— すれ違う境界

◄——— アフリカ大陸を基準としたときの各プレートの動く方向

問1　図1のア，イ，オのような，プレートどうしが収束している境界で見られる地形として誤っているものを，次の①〜④のうちから一つ選べ。解答番号は　9　。

① 海溝

② 海嶺

③ 大山脈

④ トラフ

問2　図1のウの拡大図の矢印のように，この地域では水平方向に岩盤がずれている断層がある。

　　この断層の種類として最も適当なものを，次の①～④のうちから一つ選べ。

　　解答番号は　10　。

① 正断層

② 逆断層

③ 右横ずれ断層

④ 左横ずれ断層

問3　図1のエのような場所ではどのような地震が起こるか。最も適当なものを，次の①～④の

　　うちから一つ選べ。解答番号は　11　。

① 比較的浅い場所を震源とする，主に正断層の形成とともに起こる地震

② 比較的浅い場所を震源とする，主に逆断層の形成とともに起こる地震

③ 比較的深い場所を震源とする，主に正断層の形成とともに起こる地震

④ 比較的深い場所を震源とする，主に逆断層の形成とともに起こる地震

問4　図1のオでは，イと同じく海洋プレートが大陸プレートの下に沈み込んでいる。オの場所

　　の東西断面における震源分布を示した図として最も適当なものを，次の①～④のうちから一

　　つ選べ。なお，震源は●で表している。解答番号は　12　。

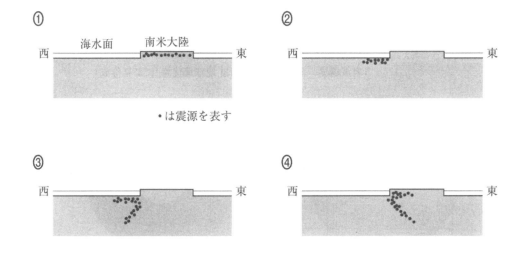

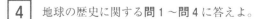

4   地球の歴史に関する**問1～問4**に答えよ。

　地球の大気組成は，地球誕生から現在まで変化し続けている。図1は地球の大気組成の変遷を示しており，過去の大気は現在のものとは大きく異なっていることが分かる。大気組成の変化は，地球環境の変化や生物の活動など，様々な原因によるものと考えられている。

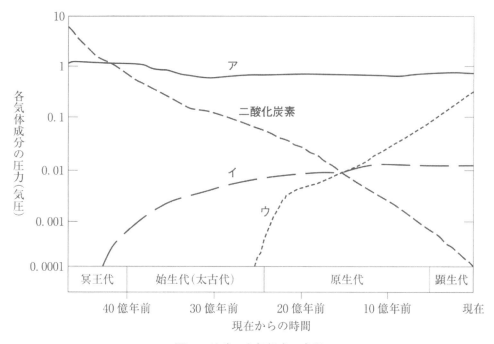

図1　地球の大気組成の変遷

（岩波講座　地球惑星科学13「地球進化論」により作成）

問1　図1のア～ウは，酸素，窒素，アルゴンのいずれかを表している。ア，ウの気体の組合せとして最も適当なものを，次の①～④のうちから一つ選べ。解答番号は　13　。

	ア	ウ
①	アルゴン	窒素
②	酸素	窒素
③	窒素	アルゴン
④	窒素	酸素

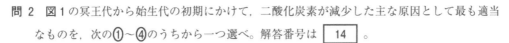

令
和
3
年
度
第
1
回
試
験

問 2　図1の冥王代から始生代の初期にかけて，二酸化炭素が減少した主な原因として最も適当なものを，次の①〜④のうちから一つ選べ。解答番号は　14　。

① 生物の呼吸により，多量に消費された。

② 海に溶け，石灰岩として固定された。

③ 植物の光合成により，多量に吸収された。

④ 太陽風により，宇宙空間に放出された。

問 3　最初に出現した生物の説明として最も適当なものを，次の①〜④のうちから一つ選べ。解答番号は　15　。

① 約25億年前には誕生した，核を持たない細胞でできた生物

② 約25億年前には誕生した，核を持つ細胞でできた生物

③ 約35億年前には誕生した，核を持たない細胞でできた生物

④ 約35億年前には誕生した，核を持つ細胞でできた生物

問 4　原生代に起こったと考えられるできごととして最も適当なものを，次の①〜④のうちから一つ選べ。解答番号は　16　。

① 全球凍結

② パンゲアの形成

③ ヒマラヤ山脈の形成

④ 最古の岩石の形成

5　台風とその災害に関する**問1**〜**問4**に答えよ。

　2020年の台風10号は，1959年に日本に甚大な被害をもたらした伊勢湾台風に匹敵するような勢力で，日本に接近することが予測された。

　図1は，台風10号が九州地方に接近した9月6日の天気図である。<u>台風10号は7日にかけて九州地方の西側を北上し，7日9時に朝鮮半島の南に上陸した</u>。台風10号が伊勢湾台風以上の
(a)
勢力に発達することはなかった。しかし，強い勢力を維持したまま日本近海を通過し，雨・風を中心として日本に甚大な被害をもたらした。

　一方，図2は，1959年の伊勢湾台風の経路を示している。伊勢湾台風は，9月後半に日本に接近した台風である。日本の南海上から近畿・東海地方に接近し，<u>列島を縦断しながら進路を東
(b)
に変え，太平洋に抜けている</u>様子が分かる。

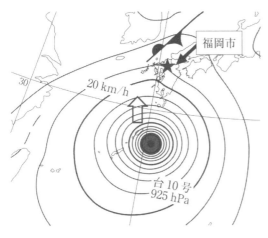

図1　2020年9月6日9時の天気図
（気象庁のwebサイトにより作成）

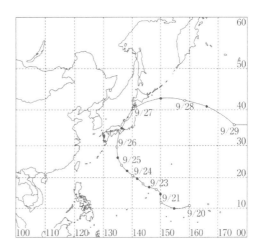

図2　伊勢湾台風の経路
（気象庁のwebサイトより）

問1　台風について説明した文として**適切でないもの**を，次の①〜④のうちから一つ選べ。
　　　解答番号は　17　。

　①　主に日本の南の海水温が高い領域で発生する。

　②　中心気圧は発生したときに最も低く，徐々に高くなる。

　③　日本列島に上陸すると勢力が弱まる傾向がある。

　④　初夏よりも初秋に日本列島に上陸する傾向がある。

問2 下線部台風10号は7日にかけて九州地方の西側を北上し，7日9時に朝鮮半島の南に上陸した について，2020年9月6日9時から翌日7日9時にかけての，福岡市の風向の変化
(a)
として最も適当なものを，次の①〜④のうちから一つ選べ。なお，風向は四方位で示している。解答番号は 18 。

① 南 → 東 → 北

② 南 → 西 → 北

③ 北 → 東 → 南

④ 北 → 西 → 南

問3 下線部列島を縦断しながら進路を東に変え，太平洋に抜けている について，この伊勢湾台
(b)
風の動きに強く影響した風として最も適当なものを，次の①〜④のうちから一つ選べ。

解答番号は 19 。

① 北西の季節風

② 貿易風

③ 海陸風

④ 偏西風

問4 台風が接近したときに発生する災害として最も適当なものを，次の①〜④のうちから一つ選べ。解答番号は 20 。

① 液状化現象

② 冷害

③ 干ばつ

④ 高潮

令和3年度 第1回

解答・解説

【重要度の表記】

A：重要度が高く確実に正答したい設問。しっかり
　　復習する必要のある問題です。

B：重要度はＡレベルよりすこし下で、やや難易度
　　が高い設問または内容を読み取る設問。高得点
　　を狙う人は復習しましょう！

C：重要度が低い、または難解な設問。軽く復習す
　　る程度でよいでしょう！

令和 3 年度　第 1 回　高卒認定試験

【 解 答 】

1	解答番号	正答	配点	2	解答番号	正答	配点	3	解答番号	正答	配点	4	解答番号	正答	配点	5	解答番号	正答	配点
問 1	1	②	5	問 1	5	①	5	問 1	9	②	5	問 1	13	④	5	問 1	17	②	5
問 2	2	③	5	問 2	6	①	5	問 2	10	③	5	問 2	14	②	5	問 2	18	③	5
問 3	3	①	5	問 3	7	②	5	問 3	11	①	5	問 3	15	③	5	問 3	19	④	5
問 4	4	②	5	問 4	8	③	5	問 4	12	④	5	問 4	16	①	5	問 4	20	④	5

【 解 説 】

1

問 1　海王星の軌道の直径は 0.001 光年、オールトの雲を含めた太陽系の直径は 3 光年、銀河系のイの直径は 10 万光年です。このことから、太陽系の直径は海王星の軌道の直径の 3,000 倍、銀河系のイの直径は海王星の軌道の直径の 10 億倍であることがわかります。海王星の軌道の直径を 1 m とすると、太陽系の直径は 3,000 m、すなわち 3 km となり、銀河系のイの直径は 10 億 m すなわち 10 万 km となります。したがって、正解は②となります。

解答番号【1】：2　　⇒ 重要度B

問 2　銀河系の中心の、横から見るとやや膨らんだ部分をバルジといい、比較的年老いた星たちの集まりです。その周囲に広がる偏平な部分を円盤部（ディスク）といい、いくつかの腕からなる渦巻構造を持っています。それらを包み込むように広がる高温のガスからなる構造をハローといい、球状星団が分布しています。したがって、正解は③となります。なお、球状星団はハローだけでなくバルジにも分布しています。

解答番号【2】：3　　⇒ 重要度A

問 3　銀河系やアンドロメダ銀河は、周辺の数十個の銀河とともに局部銀河群と呼ばれる銀河の集団をつくっています。したがって、正解は①となります。局部銀河群に含まれる大型の銀河は銀河系、アンドロメダ銀河、さんかく座銀河の 3 つだけで、残りは恒星の数が数百万個から数億個程度の矮小銀河です。なお、銀河団とは数百から数千個の銀河からなる大集団です。局部銀河群の近くには、おとめ座銀河団があります。

解答番号【3】：1　　⇒ 重要度A

問 4　①の最終氷期が終わったのは約 1 万年前、②の原人、たとえばホモ・ハビリスが出現したのは約 240 万年前、③の恐竜が絶滅したのは約 6500 万年前、④の恐竜が出現したのは約 2 億 3000 万年前です。したがって、正解は②となります。

解答番号【4】：2　　⇒ 重要度B

2

問1 　大陸地殻の下部ならびに海洋地殻を構成する岩石は玄武岩質の岩石です。したがって、正解は①となります。

　　　解答番号【5】：1　　⇒ 重要度 A

問2 　マントルは流動性があるので液体と思ってしまいがちですが、大部分は固体です。マントルは主にかんらん岩からできていて、密度は地殻よりも大きいです。地殻はマントルの上にいわば浮いている形になるのです。したがって、正解は①となります。

　　　解答番号【6】：1　　⇒ 重要度 B

問3 　地球のような岩石でできた惑星は微惑星の衝突・合体によってつくられました。微惑星は岩石と鉄などの金属が混ざり合った天体だと考えられています。微惑星どうしの衝突エネルギーは非常に大きく、誕生して間もない地球は全球が融けたマグマオーシャンと呼ばれる状態になりました。すると、微惑星に含まれていた密度の大きな金属成分が中心部分に沈んでいきます。こうしてつくられたのが地球の核です。したがって、正解は②となります。

　　　解答番号【7】：2　　⇒ 重要度 B

問4 　地球の核は半径が 3,500 km ほどで、中心から半径 1,200 km の部分が内核、半径 1,200〜3,500 km の部分が外核です。つまり、外核の厚みは約 2,300 km で、内核の約 2 倍です。したがって、正解は③となります。

　　　解答番号【8】：3　　⇒ 重要度 A

3

問1 　①の海溝は、大陸プレートと海洋プレートが収束している境界で、海洋プレートが大陸プレートの下に沈み込んで巨大な溝をつくっています。図中のイ（日本海溝〜伊豆・小笠原海溝）やオ（ペルー・チリ海溝）が海溝です。④のトラフは、海溝のうち深さが 6,000 mを超えないものをいいます（ただし、トラフの成因はプレートの沈み込みだけではありません）。日本の南にある南海トラフ、駿河トラフ、相模トラフなどが一例です。③の大山脈は、大陸プレートどうしが収束している境界で、図中のア（ヒマラヤ山脈）が大山脈です。アはユーラシアプレートとインド・オーストラリアプレートがぶつかり合うことでつくられました。したがって、正解は②となります。海嶺はプレートどうしが互いに離れていく拡大（発散）境界です。

　　　解答番号【9】：2　　⇒ 重要度 A

問2 　①の正断層と②の逆断層は、いずれも岩盤が上下にずれることで生じる断層です。③と④が、岩盤が水平方向にずれる断層で、ウ付近の拡大図を見ると、どちらの岩盤ももうひとつの岩盤に対して右方向に動いています。したがって、正解は③となります。

　　　解答番号【10】：3　　⇒ 重要度 A

問3 　エのようなプレートが拡大（発散）していく境界では、比較的浅い場所を震源とする

地震が発生します。また、プレートが拡大（発散）していく場所では、岩盤どうしが引っ張り合うことで正断層が生じます。したがって、正解は①となります。逆断層は、岩盤が押し合うことによって生じる断層です。

解答番号【11】: 1　　⇒ **重要度B**

問4　オでは海洋プレートであるナスカプレートが、大陸プレートである南アメリカプレート＝南米大陸に沈み込むプレートの収束境界です。地震はプレートの沈む込みに伴い、2つのプレートの境界付近で多発します。すなわち海溝付近では震源が浅い地震が多く発生し、内陸に行くほど震源が深い地震が発生するようになります。したがって、正解は④となります。

解答番号【12】: 4　　⇒ **重要度C**

4

問1　現在の地球大気は、約78%が窒素、約20%が酸素、約1%がアルゴン、残りが二酸化炭素や水蒸気などです。グラフの右端を見ると、大気の各気体成分の圧力のうちアが大部分を占め、次いでウが多いことがわかります。つまりアが窒素、イがアルゴン、ウが酸素です。したがって、正解は④となります。

解答番号【13】: 4　　⇒ **重要度A**

問2　地球誕生直後は、大気の主成分は二酸化炭素でした。しかし、地球表面に海が誕生したことで二酸化炭素が海水に溶け込んで大気中から取り除かれるようになります。二酸化炭素を溶かし込んだ海水は弱酸性となり、大陸をつくっていた岩石に含まれていたカルシウムなどを溶かし込むようになります。すると、海水中の炭酸イオン（二酸化炭素が由来）とカルシウムイオンが結びつき、炭酸カルシウム（石灰岩）となって沈殿していきます。その結果、海水は中性となって再び大気中の二酸化炭素を溶かし込めるようになります。こうして初期の地球大気から二酸化炭素が取り除かれていきました。したがって、正解は②となります。生物は呼吸で二酸化炭素を消費しないため①は誤りです。植物の光合成によって吸収されるようになるのは約5億年前以降のため、③も誤りです。④の太陽風による放出もまったくなかったわけではありませんが、初期の地球大気から二酸化炭素を取り除けるほどではありませんでした。

解答番号【14】: 2　　⇒ **重要度A**

問3　地球上にいつ生物が誕生したかは議論がありますが、少なくとも約35億年前には生物が存在していたと考えられています。最初の生物は、核を持たないたった一つの細胞からできていました。したがって、正解は③となります。なお、細胞内に核を持たない生物を原核生物、核を持つ生物を真核生物といい、たった一つの細胞からなる生物を単細胞生物、複数の細胞からなる生物を多細胞生物といいます。

解答番号【15】: 3　　⇒ **重要度B**

問4　①の全球凍結はスノーボールアースとも呼ばれ、地球の歴史において約29億年前、約24億5000万年前、約7億3000万年前の3回ほど起きたと考えられています。②の超大陸パンゲアの形成は約2億5000万年前（古生代ペルム紀末期）、③のヒマラヤ山脈の

形成は 7000 万年前（中生代白亜紀末期）にそれぞれ始まったと考えられています。④の最古の岩石の形成は、約 40 億年前以前だと考えられています（現在発見されている世界最古の岩石は約 40 億年前につくられたアカスタ片麻岩です）。したがって、正解は①となります。

解答番号【16】：1　　⇒ 重要度 C

5

問1　台風の多くは、日本のはるか南の熱帯域、海面の水温が 26 〜 27 度以上の海上で発生します。発生した台風は、蒸発した海水が上昇気流によって上空に持ち上げられ、再び凝結するときに生じる潜熱をエネルギー源として発達を続けます。すると、中心気圧が下がりますが、日本近海に到達すると海面の水温が低下するために発達が鈍るようになり、上陸するとエネルギーが得られなくなったり地面との摩擦によってエネルギーを失ったりして勢力が弱まり、やがて消滅します。台風は夏から秋にかけて日本に接近しますが、日本列島が太平洋高気圧に広く覆われる夏よりも、太平洋高気圧の勢力が弱まって後退する秋の方が上陸しやすくなります。したがって、正解は②となります。

解答番号【17】：2　　⇒ 重要度 A

問2　風向とは、風が吹いてくる方向のことをいいます。台風は低気圧であるため、北半球においては台風の中心に向かって反時計回りに風が吹き込みます。台風が南にあるときは台風に向かって北から南へ風が吹くため、風向は北になります。その後、台風は福岡市の西側を北上したため、風は徐々に東から西へ向かって吹くようになります。台風が朝鮮半島の南に上陸すると、台風の中心は福岡市の北に来るため、風は南から北へ向かって吹くようになります。したがって、正解は③となります。

解答番号【18】：3　　⇒ 重要度 B

問3　台風が進路を東向きに変えたということは、日本列島上空に吹く強い西風に流されたことを意味します。日本をはじめとする北半球中緯度の上空に西から東へ向かって吹く風を偏西風といいます。したがって、正解は④となります。①の北西の季節風は冬に日本列島付近の気圧配置が西高東低となった場合に北西から南東に向かって吹く風のこと、②の貿易風は低緯度上空に西から東に向かって吹く風のこと、③の海陸風は海と陸の温まりやすさの違いによって気圧差が生じて吹く局地的な風のことです。

解答番号【19】：4　　⇒ 重要度 A

問4　台風は中心の気圧が低いため、それによって海水が持ち上げられ、海面が上昇する高潮の被害が発生することがあります。したがって、正解は④となります。①の液状化現象は地震によって発生するもの、②の冷害は主に夏に吹く北東の季節風によって生じるものです。干ばつは雨が降らずに長期的な水不足に陥ることで、台風の接近はむしろ干ばつを解消する方向にはたらきます。

解答番号【20】：4　　⇒ 重要度 A

第　回　高等学校卒業程度認定試験

地学基礎　解答用紙

氏　名

（注意事項）
1. 記入はすべてHBまたはHBの黒色鉛筆を使用してください。
2. 訂正するときは、プラスチックの消しゴムで丁寧に消し、消しくずを残さないでください。
3. 所定の記入欄以外には何も記入しないでください。
4. 解答用紙を汚したり、折り曲げたりしないでください。
5. マーク例　　良い例　●　　悪い例　◑ ◐ ⊖ ⊘ ◖ ●

生年月日

年号	
明治	Ⓜ
大正	Ⓣ
昭和	Ⓢ
平成	Ⓗ

受験番号 ⇒

受験地

北海道 ○	滋賀 ○
青森 ○	京都 ○
岩手 ○	大阪 ○
宮城 ○	兵庫 ○
秋田 ○	奈良 ○
山形 ○	和歌山 ○
福島 ○	鳥取 ○
茨城 ○	島根 ○
栃木 ○	岡山 ○
群馬 ○	広島 ○
埼玉 ○	山口 ○
千葉 ○	徳島 ○
東京 ○	香川 ○
神奈川 ○	愛媛 ○
新潟 ○	高知 ○
富山 ○	福岡 ○
石川 ○	佐賀 ○
福井 ○	長崎 ○
山梨 ○	熊本 ○
長野 ○	大分 ○
岐阜 ○	宮崎 ○
静岡 ○	鹿児島 ○
愛知 ○	沖縄 ○
三重 ○	

解答欄

解答番号	1 2 3 4 5 6 7 8 9 0
1	① ② ③ ④ ⑤ ⑥ ⑦ ⑧ ⑨ ⑩
2	① ② ③ ④ ⑤ ⑥ ⑦ ⑧ ⑨ ⑩
3	① ② ③ ④ ⑤ ⑥ ⑦ ⑧ ⑨ ⑩
4	① ② ③ ④ ⑤ ⑥ ⑦ ⑧ ⑨ ⑩
5	① ② ③ ④ ⑤ ⑥ ⑦ ⑧ ⑨ ⑩
6	① ② ③ ④ ⑤ ⑥ ⑦ ⑧ ⑨ ⑩
7	① ② ③ ④ ⑤ ⑥ ⑦ ⑧ ⑨ ⑩
8	① ② ③ ④ ⑤ ⑥ ⑦ ⑧ ⑨ ⑩
9	① ② ③ ④ ⑤ ⑥ ⑦ ⑧ ⑨ ⑩
10	① ② ③ ④ ⑤ ⑥ ⑦ ⑧ ⑨ ⑩
11	① ② ③ ④ ⑤ ⑥ ⑦ ⑧ ⑨ ⑩
12	① ② ③ ④ ⑤ ⑥ ⑦ ⑧ ⑨ ⑩
13	① ② ③ ④ ⑤ ⑥ ⑦ ⑧ ⑨ ⑩
14	① ② ③ ④ ⑤ ⑥ ⑦ ⑧ ⑨ ⑩
15	① ② ③ ④ ⑤ ⑥ ⑦ ⑧ ⑨ ⑩

解答番号	1 2 3 4 5 6 7 8 9 0
16	① ② ③ ④ ⑤ ⑥ ⑦ ⑧ ⑨ ⑩
17	① ② ③ ④ ⑤ ⑥ ⑦ ⑧ ⑨ ⑩
18	① ② ③ ④ ⑤ ⑥ ⑦ ⑧ ⑨ ⑩
19	① ② ③ ④ ⑤ ⑥ ⑦ ⑧ ⑨ ⑩
20	① ② ③ ④ ⑤ ⑥ ⑦ ⑧ ⑨ ⑩
21	① ② ③ ④ ⑤ ⑥ ⑦ ⑧ ⑨ ⑩
22	① ② ③ ④ ⑤ ⑥ ⑦ ⑧ ⑨ ⑩
23	① ② ③ ④ ⑤ ⑥ ⑦ ⑧ ⑨ ⑩
24	① ② ③ ④ ⑤ ⑥ ⑦ ⑧ ⑨ ⑩
25	① ② ③ ④ ⑤ ⑥ ⑦ ⑧ ⑨ ⑩
26	① ② ③ ④ ⑤ ⑥ ⑦ ⑧ ⑨ ⑩
27	① ② ③ ④ ⑤ ⑥ ⑦ ⑧ ⑨ ⑩
28	① ② ③ ④ ⑤ ⑥ ⑦ ⑧ ⑨ ⑩
29	① ② ③ ④ ⑤ ⑥ ⑦ ⑧ ⑨ ⑩
30	① ② ③ ④ ⑤ ⑥ ⑦ ⑧ ⑨ ⑩

解答番号	1 2 3 4 5 6 7 8 9 0
31	① ② ③ ④ ⑤ ⑥ ⑦ ⑧ ⑨ ⑩
32	① ② ③ ④ ⑤ ⑥ ⑦ ⑧ ⑨ ⑩
33	① ② ③ ④ ⑤ ⑥ ⑦ ⑧ ⑨ ⑩
34	① ② ③ ④ ⑤ ⑥ ⑦ ⑧ ⑨ ⑩
35	① ② ③ ④ ⑤ ⑥ ⑦ ⑧ ⑨ ⑩
36	① ② ③ ④ ⑤ ⑥ ⑦ ⑧ ⑨ ⑩
37	① ② ③ ④ ⑤ ⑥ ⑦ ⑧ ⑨ ⑩
38	① ② ③ ④ ⑤ ⑥ ⑦ ⑧ ⑨ ⑩
39	① ② ③ ④ ⑤ ⑥ ⑦ ⑧ ⑨ ⑩
40	① ② ③ ④ ⑤ ⑥ ⑦ ⑧ ⑨ ⑩
41	① ② ③ ④ ⑤ ⑥ ⑦ ⑧ ⑨ ⑩
42	① ② ③ ④ ⑤ ⑥ ⑦ ⑧ ⑨ ⑩
43	① ② ③ ④ ⑤ ⑥ ⑦ ⑧ ⑨ ⑩
44	① ② ③ ④ ⑤ ⑥ ⑦ ⑧ ⑨ ⑩
45	① ② ③ ④ ⑤ ⑥ ⑦ ⑧ ⑨ ⑩

キリトリ線

第　回　高等学校卒業程度認定試験

地学基礎　解答用紙

氏名

受験地

北海道	○	滋賀	○
青森	○	京都	○
岩手	○	大阪	○
宮城	○	兵庫	○
秋田	○	奈良	○
山形	○	和歌山	○
福島	○	鳥取	○
茨城	○	島根	○
栃木	○	岡山	○
群馬	○	広島	○
埼玉	○	山口	○
千葉	○	徳島	○
東京	○	香川	○
神奈川	○	愛媛	○
新潟	○	高知	○
富山	○	福岡	○
石川	○	佐賀	○
福井	○	長崎	○
山梨	○	熊本	○
長野	○	大分	○
岐阜	○	宮崎	○
静岡	○	鹿児島	○
愛知	○	沖縄	○
三重	○		

受験番号 ⇒ ①②③④⑤⑥⑦⑧⑨⓪

生年月日 ⇒

年号 明治M 大正T 昭和S 平成H

解答番号	解答欄
1	①②③④⑤⑥⑦⑧⑨⓪
2	①②③④⑤⑥⑦⑧⑨⓪
3	①②③④⑤⑥⑦⑧⑨⓪
4	①②③④⑤⑥⑦⑧⑨⓪
5	①②③④⑤⑥⑦⑧⑨⓪
6	①②③④⑤⑥⑦⑧⑨⓪
7	①②③④⑤⑥⑦⑧⑨⓪
8	①②③④⑤⑥⑦⑧⑨⓪
9	①②③④⑤⑥⑦⑧⑨⓪
10	①②③④⑤⑥⑦⑧⑨⓪
11	①②③④⑤⑥⑦⑧⑨⓪
12	①②③④⑤⑥⑦⑧⑨⓪
13	①②③④⑤⑥⑦⑧⑨⓪
14	①②③④⑤⑥⑦⑧⑨⓪
15	①②③④⑤⑥⑦⑧⑨⓪

解答番号	解答欄
16	①②③④⑤⑥⑦⑧⑨⓪
17	①②③④⑤⑥⑦⑧⑨⓪
18	①②③④⑤⑥⑦⑧⑨⓪
19	①②③④⑤⑥⑦⑧⑨⓪
20	①②③④⑤⑥⑦⑧⑨⓪
21	①②③④⑤⑥⑦⑧⑨⓪
22	①②③④⑤⑥⑦⑧⑨⓪
23	①②③④⑤⑥⑦⑧⑨⓪
24	①②③④⑤⑥⑦⑧⑨⓪
25	①②③④⑤⑥⑦⑧⑨⓪
26	①②③④⑤⑥⑦⑧⑨⓪
27	①②③④⑤⑥⑦⑧⑨⓪
28	①②③④⑤⑥⑦⑧⑨⓪
29	①②③④⑤⑥⑦⑧⑨⓪
30	①②③④⑤⑥⑦⑧⑨⓪

解答番号	解答欄
31	①②③④⑤⑥⑦⑧⑨⓪
32	①②③④⑤⑥⑦⑧⑨⓪
33	①②③④⑤⑥⑦⑧⑨⓪
34	①②③④⑤⑥⑦⑧⑨⓪
35	①②③④⑤⑥⑦⑧⑨⓪
36	①②③④⑤⑥⑦⑧⑨⓪
37	①②③④⑤⑥⑦⑧⑨⓪
38	①②③④⑤⑥⑦⑧⑨⓪
39	①②③④⑤⑥⑦⑧⑨⓪
40	①②③④⑤⑥⑦⑧⑨⓪
41	①②③④⑤⑥⑦⑧⑨⓪
42	①②③④⑤⑥⑦⑧⑨⓪
43	①②③④⑤⑥⑦⑧⑨⓪
44	①②③④⑤⑥⑦⑧⑨⓪
45	①②③④⑤⑥⑦⑧⑨⓪

キリトリ線

第　回　高等学校卒業程度認定試験

地学基礎　解答用紙

氏名 [　　　]

(注意事項)

1. 記入はすべてHBまたはHBの黒色鉛筆を使用してください。
2. 訂正するときは、プラスチックの消しゴムで丁寧に消し、消しくずを残さないでください。
3. 所定の記入欄以外には何も記入しないでください。
4. 解答用紙を汚したり、折り曲げたりしないでください。
5. マーク例　良い例 ● 　悪い例 ◐ ◑ ◒ ◓ ● ◖ ◗

生年月日 ⇒

年号											
明治 Ⓜ	⓪	①	②	③	④	⑤	⑥	⑦	⑧	⑨	
大正 Ⓣ	⓪	①	②	③							
昭和 Ⓢ	⓪	①	②	③	④	⑤	⑥	⑦	⑧	⑨	
平成 Ⓗ	⓪	①									
	⓪	①	②	③	④	⑤	⑥	⑦	⑧	⑨	
	⓪	①	②	③	④	⑤	⑥	⑦	⑧	⑨	

受験番号 ⇒

⓪	①	②	③	④	⑤	⑥	⑦	⑧	⑨
⓪	①	②	③	④	⑤	⑥	⑦	⑧	⑨
⓪	①	②	③	④	⑤	⑥	⑦	⑧	⑨
⓪	①	②	③	④	⑤	⑥	⑦	⑧	⑨
	①								

解答欄

解答番号	解答欄 1 2 3 4 5 6 7 8 9 0
1	① ② ③ ④ ⑤ ⑥ ⑦ ⑧ ⑨ ⑩
2	① ② ③ ④ ⑤ ⑥ ⑦ ⑧ ⑨ ⑩
3	① ② ③ ④ ⑤ ⑥ ⑦ ⑧ ⑨ ⑩
4	① ② ③ ④ ⑤ ⑥ ⑦ ⑧ ⑨ ⑩
5	① ② ③ ④ ⑤ ⑥ ⑦ ⑧ ⑨ ⑩
6	① ② ③ ④ ⑤ ⑥ ⑦ ⑧ ⑨ ⑩
7	① ② ③ ④ ⑤ ⑥ ⑦ ⑧ ⑨ ⑩
8	① ② ③ ④ ⑤ ⑥ ⑦ ⑧ ⑨ ⑩
9	① ② ③ ④ ⑤ ⑥ ⑦ ⑧ ⑨ ⑩
10	① ② ③ ④ ⑤ ⑥ ⑦ ⑧ ⑨ ⑩
11	① ② ③ ④ ⑤ ⑥ ⑦ ⑧ ⑨ ⑩
12	① ② ③ ④ ⑤ ⑥ ⑦ ⑧ ⑨ ⑩
13	① ② ③ ④ ⑤ ⑥ ⑦ ⑧ ⑨ ⑩
14	① ② ③ ④ ⑤ ⑥ ⑦ ⑧ ⑨ ⑩
15	① ② ③ ④ ⑤ ⑥ ⑦ ⑧ ⑨ ⑩

解答番号	解答欄 1 2 3 4 5 6 7 8 9 0
16	① ② ③ ④ ⑤ ⑥ ⑦ ⑧ ⑨ ⑩
17	① ② ③ ④ ⑤ ⑥ ⑦ ⑧ ⑨ ⑩
18	① ② ③ ④ ⑤ ⑥ ⑦ ⑧ ⑨ ⑩
19	① ② ③ ④ ⑤ ⑥ ⑦ ⑧ ⑨ ⑩
20	① ② ③ ④ ⑤ ⑥ ⑦ ⑧ ⑨ ⑩
21	① ② ③ ④ ⑤ ⑥ ⑦ ⑧ ⑨ ⑩
22	① ② ③ ④ ⑤ ⑥ ⑦ ⑧ ⑨ ⑩
23	① ② ③ ④ ⑤ ⑥ ⑦ ⑧ ⑨ ⑩
24	① ② ③ ④ ⑤ ⑥ ⑦ ⑧ ⑨ ⑩
25	① ② ③ ④ ⑤ ⑥ ⑦ ⑧ ⑨ ⑩
26	① ② ③ ④ ⑤ ⑥ ⑦ ⑧ ⑨ ⑩
27	① ② ③ ④ ⑤ ⑥ ⑦ ⑧ ⑨ ⑩
28	① ② ③ ④ ⑤ ⑥ ⑦ ⑧ ⑨ ⑩
29	① ② ③ ④ ⑤ ⑥ ⑦ ⑧ ⑨ ⑩
30	① ② ③ ④ ⑤ ⑥ ⑦ ⑧ ⑨ ⑩

解答番号	解答欄 1 2 3 4 5 6 7 8 9 0
31	① ② ③ ④ ⑤ ⑥ ⑦ ⑧ ⑨ ⑩
32	① ② ③ ④ ⑤ ⑥ ⑦ ⑧ ⑨ ⑩
33	① ② ③ ④ ⑤ ⑥ ⑦ ⑧ ⑨ ⑩
34	① ② ③ ④ ⑤ ⑥ ⑦ ⑧ ⑨ ⑩
35	① ② ③ ④ ⑤ ⑥ ⑦ ⑧ ⑨ ⑩
36	① ② ③ ④ ⑤ ⑥ ⑦ ⑧ ⑨ ⑩
37	① ② ③ ④ ⑤ ⑥ ⑦ ⑧ ⑨ ⑩
38	① ② ③ ④ ⑤ ⑥ ⑦ ⑧ ⑨ ⑩
39	① ② ③ ④ ⑤ ⑥ ⑦ ⑧ ⑨ ⑩
40	① ② ③ ④ ⑤ ⑥ ⑦ ⑧ ⑨ ⑩
41	① ② ③ ④ ⑤ ⑥ ⑦ ⑧ ⑨ ⑩
42	① ② ③ ④ ⑤ ⑥ ⑦ ⑧ ⑨ ⑩
43	① ② ③ ④ ⑤ ⑥ ⑦ ⑧ ⑨ ⑩
44	① ② ③ ④ ⑤ ⑥ ⑦ ⑧ ⑨ ⑩
45	① ② ③ ④ ⑤ ⑥ ⑦ ⑧ ⑨ ⑩

受験地

北海道 ○　青森 ○　岩手 ○　宮城 ○　秋田 ○　山形 ○　福島 ○　茨城 ○　栃木 ○　群馬 ○　埼玉 ○　千葉 ○　東京 ○　神奈川 ○　新潟 ○　富山 ○　石川 ○　福井 ○　山梨 ○　長野 ○　岐阜 ○　静岡 ○　愛知 ○　三重 ○

滋賀 ○　京都 ○　大阪 ○　兵庫 ○　奈良 ○　和歌山 ○　鳥取 ○　島根 ○　岡山 ○　広島 ○　山口 ○　徳島 ○　香川 ○　愛媛 ○　高知 ○　福岡 ○　佐賀 ○　長崎 ○　熊本 ○　大分 ○　宮崎 ○　鹿児島 ○　沖縄 ○

- - - - キリトリ線 - - - -

第　回　高等学校卒業程度認定試験

地学基礎　解答用紙

氏名

受験地			
北海道 ○	滋賀 ○		
青森 ○	京都 ○		
岩手 ○	大阪 ○		
宮城 ○	兵庫 ○		
秋田 ○	奈良 ○		
山形 ○	和歌山 ○		
福島 ○	鳥取 ○		
茨城 ○	島根 ○		
栃木 ○	岡山 ○		
群馬 ○	広島 ○		
埼玉 ○	山口 ○		
千葉 ○	徳島 ○		
東京 ○	香川 ○		
神奈川 ○	愛媛 ○		
新潟 ○	高知 ○		
富山 ○	福岡 ○		
石川 ○	佐賀 ○		
福井 ○	長崎 ○		
山梨 ○	熊本 ○		
長野 ○	大分 ○		
岐阜 ○	宮崎 ○		
静岡 ○	鹿児島 ○		
愛知 ○	沖縄 ○		
三重 ○			

（注意事項）

1. 記入はすべてHまたはHBの黒色鉛筆を使用してください。
2. 訂正するときは、プラスチックの消しゴムで丁寧に消し、消しくずを残さないでください。
3. 所定の記入欄以外には何も記入しないでください。
4. 解答用紙を汚したり、折り曲げたりしないでください。
5. マーク例

良い例　●
悪い例　

受験番号 ⇒

①			
⓪①②③④⑤⑥⑦⑧⑨	⓪①②③④⑤⑥⑦⑧⑨	⓪①②③④⑤⑥⑦⑧⑨	⓪①②③④⑤⑥⑦⑧⑨

生年月日 ⇒

年号　明治（M）大正（T）昭和（S）平成（H）

⓪①②③④⑤⑥⑦⑧⑨	①②③④⑤⑥⑦⑧⑨	⓪①②③④⑤⑥⑦⑧⑨	⓪①②③	⓪①②③④⑤⑥⑦⑧⑨

解答番号	解答欄 1234567890
1	①②③④⑤⑥⑦⑧⑨⓪
2	①②③④⑤⑥⑦⑧⑨⓪
3	①②③④⑤⑥⑦⑧⑨⓪
4	①②③④⑤⑥⑦⑧⑨⓪
5	①②③④⑤⑥⑦⑧⑨⓪
6	①②③④⑤⑥⑦⑧⑨⓪
7	①②③④⑤⑥⑦⑧⑨⓪
8	①②③④⑤⑥⑦⑧⑨⓪
9	①②③④⑤⑥⑦⑧⑨⓪
10	①②③④⑤⑥⑦⑧⑨⓪
11	①②③④⑤⑥⑦⑧⑨⓪
12	①②③④⑤⑥⑦⑧⑨⓪
13	①②③④⑤⑥⑦⑧⑨⓪
14	①②③④⑤⑥⑦⑧⑨⓪
15	①②③④⑤⑥⑦⑧⑨⓪

解答番号	解答欄 1234567890
16	①②③④⑤⑥⑦⑧⑨⓪
17	①②③④⑤⑥⑦⑧⑨⓪
18	①②③④⑤⑥⑦⑧⑨⓪
19	①②③④⑤⑥⑦⑧⑨⓪
20	①②③④⑤⑥⑦⑧⑨⓪
21	①②③④⑤⑥⑦⑧⑨⓪
22	①②③④⑤⑥⑦⑧⑨⓪
23	①②③④⑤⑥⑦⑧⑨⓪
24	①②③④⑤⑥⑦⑧⑨⓪
25	①②③④⑤⑥⑦⑧⑨⓪
26	①②③④⑤⑥⑦⑧⑨⓪
27	①②③④⑤⑥⑦⑧⑨⓪
28	①②③④⑤⑥⑦⑧⑨⓪
29	①②③④⑤⑥⑦⑧⑨⓪
30	①②③④⑤⑥⑦⑧⑨⓪

解答番号	解答欄 1234567890
31	①②③④⑤⑥⑦⑧⑨⓪
32	①②③④⑤⑥⑦⑧⑨⓪
33	①②③④⑤⑥⑦⑧⑨⓪
34	①②③④⑤⑥⑦⑧⑨⓪
35	①②③④⑤⑥⑦⑧⑨⓪
36	①②③④⑤⑥⑦⑧⑨⓪
37	①②③④⑤⑥⑦⑧⑨⓪
38	①②③④⑤⑥⑦⑧⑨⓪
39	①②③④⑤⑥⑦⑧⑨⓪
40	①②③④⑤⑥⑦⑧⑨⓪
41	①②③④⑤⑥⑦⑧⑨⓪
42	①②③④⑤⑥⑦⑧⑨⓪
43	①②③④⑤⑥⑦⑧⑨⓪
44	①②③④⑤⑥⑦⑧⑨⓪
45	①②③④⑤⑥⑦⑧⑨⓪

第　回　高等学校卒業程度認定試験

地学基礎　解答用紙

氏　名

生年月日 ⇒

年号	明治 Ⓜ 大正 Ⓣ 昭和 Ⓢ 平成 Ⓗ

受験番号 ⇒

受　験　地

北海道 ○	滋賀 ○
青森 ○	京都 ○
岩手 ○	大阪 ○
宮城 ○	兵庫 ○
秋田 ○	奈良 ○
山形 ○	和歌山 ○
福島 ○	鳥取 ○
茨城 ○	島根 ○
栃木 ○	岡山 ○
群馬 ○	広島 ○
埼玉 ○	山口 ○
千葉 ○	徳島 ○
東京 ○	香川 ○
神奈川 ○	愛媛 ○
新潟 ○	高知 ○
富山 ○	福岡 ○
石川 ○	佐賀 ○
福井 ○	長崎 ○
山梨 ○	熊本 ○
長野 ○	大分 ○
岐阜 ○	宮崎 ○
静岡 ○	鹿児島 ○
愛知 ○	沖縄 ○
三重 ○	

解答番号	解答欄 1 2 3 4 5 6 7 8 9 0
1	① ② ③ ④ ⑤ ⑥ ⑦ ⑧ ⑨ ⓪
2	① ② ③ ④ ⑤ ⑥ ⑦ ⑧ ⑨ ⓪
3	① ② ③ ④ ⑤ ⑥ ⑦ ⑧ ⑨ ⓪
4	① ② ③ ④ ⑤ ⑥ ⑦ ⑧ ⑨ ⓪
5	① ② ③ ④ ⑤ ⑥ ⑦ ⑧ ⑨ ⓪
6	① ② ③ ④ ⑤ ⑥ ⑦ ⑧ ⑨ ⓪
7	① ② ③ ④ ⑤ ⑥ ⑦ ⑧ ⑨ ⓪
8	① ② ③ ④ ⑤ ⑥ ⑦ ⑧ ⑨ ⓪
9	① ② ③ ④ ⑤ ⑥ ⑦ ⑧ ⑨ ⓪
10	① ② ③ ④ ⑤ ⑥ ⑦ ⑧ ⑨ ⓪
11	① ② ③ ④ ⑤ ⑥ ⑦ ⑧ ⑨ ⓪
12	① ② ③ ④ ⑤ ⑥ ⑦ ⑧ ⑨ ⓪
13	① ② ③ ④ ⑤ ⑥ ⑦ ⑧ ⑨ ⓪
14	① ② ③ ④ ⑤ ⑥ ⑦ ⑧ ⑨ ⓪
15	① ② ③ ④ ⑤ ⑥ ⑦ ⑧ ⑨ ⓪

解答番号	解答欄 1 2 3 4 5 6 7 8 9 0
16	① ② ③ ④ ⑤ ⑥ ⑦ ⑧ ⑨ ⓪
17	① ② ③ ④ ⑤ ⑥ ⑦ ⑧ ⑨ ⓪
18	① ② ③ ④ ⑤ ⑥ ⑦ ⑧ ⑨ ⓪
19	① ② ③ ④ ⑤ ⑥ ⑦ ⑧ ⑨ ⓪
20	① ② ③ ④ ⑤ ⑥ ⑦ ⑧ ⑨ ⓪
21	① ② ③ ④ ⑤ ⑥ ⑦ ⑧ ⑨ ⓪
22	① ② ③ ④ ⑤ ⑥ ⑦ ⑧ ⑨ ⓪
23	① ② ③ ④ ⑤ ⑥ ⑦ ⑧ ⑨ ⓪
24	① ② ③ ④ ⑤ ⑥ ⑦ ⑧ ⑨ ⓪
25	① ② ③ ④ ⑤ ⑥ ⑦ ⑧ ⑨ ⓪
26	① ② ③ ④ ⑤ ⑥ ⑦ ⑧ ⑨ ⓪
27	① ② ③ ④ ⑤ ⑥ ⑦ ⑧ ⑨ ⓪
28	① ② ③ ④ ⑤ ⑥ ⑦ ⑧ ⑨ ⓪
29	① ② ③ ④ ⑤ ⑥ ⑦ ⑧ ⑨ ⓪
30	① ② ③ ④ ⑤ ⑥ ⑦ ⑧ ⑨ ⓪

解答番号	解答欄 1 2 3 4 5 6 7 8 9 0
31	① ② ③ ④ ⑤ ⑥ ⑦ ⑧ ⑨ ⓪
32	① ② ③ ④ ⑤ ⑥ ⑦ ⑧ ⑨ ⓪
33	① ② ③ ④ ⑤ ⑥ ⑦ ⑧ ⑨ ⓪
34	① ② ③ ④ ⑤ ⑥ ⑦ ⑧ ⑨ ⓪
35	① ② ③ ④ ⑤ ⑥ ⑦ ⑧ ⑨ ⓪
36	① ② ③ ④ ⑤ ⑥ ⑦ ⑧ ⑨ ⓪
37	① ② ③ ④ ⑤ ⑥ ⑦ ⑧ ⑨ ⓪
38	① ② ③ ④ ⑤ ⑥ ⑦ ⑧ ⑨ ⓪
39	① ② ③ ④ ⑤ ⑥ ⑦ ⑧ ⑨ ⓪
40	① ② ③ ④ ⑤ ⑥ ⑦ ⑧ ⑨ ⓪
41	① ② ③ ④ ⑤ ⑥ ⑦ ⑧ ⑨ ⓪
42	① ② ③ ④ ⑤ ⑥ ⑦ ⑧ ⑨ ⓪
43	① ② ③ ④ ⑤ ⑥ ⑦ ⑧ ⑨ ⓪
44	① ② ③ ④ ⑤ ⑥ ⑦ ⑧ ⑨ ⓪
45	① ② ③ ④ ⑤ ⑥ ⑦ ⑧ ⑨ ⓪

キリトリ線

第　　回　高等学校卒業程度認定試験

地学基礎　解答用紙

氏　名

受験地						
北海道	○	滋賀	○		
青森	○	京都	○		
岩手	○	大阪	○		
宮城	○	兵庫	○		
秋田	○	奈良	○		
山形	○	和歌山	○		
福島	○	鳥取	○		
茨城	○	島根	○		
栃木	○	岡山	○		
群馬	○	広島	○		
埼玉	○	山口	○		
千葉	○	徳島	○		
東京	○	香川	○		
神奈川	○	愛媛	○		
新潟	○	高知	○		
富山	○	福岡	○		
石川	○	佐賀	○		
福井	○	長崎	○		
山梨	○	熊本	○		
長野	○	大分	○		
岐阜	○	宮崎	○		
静岡	○	鹿児島	○		
愛知	○	沖縄	○		
三重	○				

（注意事項）
1. 記入はすべてHBまたはHBの黒色鉛筆を使用してください。
2. 訂正するときは、プラスチックの消しゴムで丁寧に消し、消しくずを残さないでください。
3. 所定の記入欄以外には何も記入しないでください。
4. 解答用紙を汚したり、折り曲げたりしないでください。
5. マーク例

良い例　●　　悪い例　◑ ◐ ◉ ⊘ ○

解答番号	解　答　欄 1 2 3 4 5 6 7 8 9 0
1	①②③④⑤⑥⑦⑧⑨⓪
2	①②③④⑤⑥⑦⑧⑨⓪
3	①②③④⑤⑥⑦⑧⑨⓪
4	①②③④⑤⑥⑦⑧⑨⓪
5	①②③④⑤⑥⑦⑧⑨⓪
6	①②③④⑤⑥⑦⑧⑨⓪
7	①②③④⑤⑥⑦⑧⑨⓪
8	①②③④⑤⑥⑦⑧⑨⓪
9	①②③④⑤⑥⑦⑧⑨⓪
10	①②③④⑤⑥⑦⑧⑨⓪
11	①②③④⑤⑥⑦⑧⑨⓪
12	①②③④⑤⑥⑦⑧⑨⓪
13	①②③④⑤⑥⑦⑧⑨⓪
14	①②③④⑤⑥⑦⑧⑨⓪
15	①②③④⑤⑥⑦⑧⑨⓪

解答番号	解　答　欄 1 2 3 4 5 6 7 8 9 0
16	①②③④⑤⑥⑦⑧⑨⓪
17	①②③④⑤⑥⑦⑧⑨⓪
18	①②③④⑤⑥⑦⑧⑨⓪
19	①②③④⑤⑥⑦⑧⑨⓪
20	①②③④⑤⑥⑦⑧⑨⓪
21	①②③④⑤⑥⑦⑧⑨⓪
22	①②③④⑤⑥⑦⑧⑨⓪
23	①②③④⑤⑥⑦⑧⑨⓪
24	①②③④⑤⑥⑦⑧⑨⓪
25	①②③④⑤⑥⑦⑧⑨⓪
26	①②③④⑤⑥⑦⑧⑨⓪
27	①②③④⑤⑥⑦⑧⑨⓪
28	①②③④⑤⑥⑦⑧⑨⓪
29	①②③④⑤⑥⑦⑧⑨⓪
30	①②③④⑤⑥⑦⑧⑨⓪

解答番号	解　答　欄 1 2 3 4 5 6 7 8 9 0
31	①②③④⑤⑥⑦⑧⑨⓪
32	①②③④⑤⑥⑦⑧⑨⓪
33	①②③④⑤⑥⑦⑧⑨⓪
34	①②③④⑤⑥⑦⑧⑨⓪
35	①②③④⑤⑥⑦⑧⑨⓪
36	①②③④⑤⑥⑦⑧⑨⓪
37	①②③④⑤⑥⑦⑧⑨⓪
38	①②③④⑤⑥⑦⑧⑨⓪
39	①②③④⑤⑥⑦⑧⑨⓪
40	①②③④⑤⑥⑦⑧⑨⓪
41	①②③④⑤⑥⑦⑧⑨⓪
42	①②③④⑤⑥⑦⑧⑨⓪
43	①②③④⑤⑥⑦⑧⑨⓪
44	①②③④⑤⑥⑦⑧⑨⓪
45	①②③④⑤⑥⑦⑧⑨⓪

受験番号 ⇒

① ① ① ①
⓪⓪⓪⓪
①①①①
②②②②
③③③③
④④④④
⑤⑤⑤⑤
⑥⑥⑥⑥
⑦⑦⑦⑦
⑧⑧⑧⑧
⑨⑨⑨⑨

生年月日 ⇒

年号　明治Ⓜ　大正Ⓣ　昭和Ⓢ　平成Ⓗ

⓪　①　⓪⓪
①　②　①①
③　③②②
④　　③③
⑤　　④④
⑥　　⑤⑤
⑦　　⑥⑥
⑧　　⑦⑦
⑨　　⑧⑧
　　　⑨⑨

2024　高卒認定スーパー実戦過去問題集
地学基礎

2024 年　3 月 26 日　初版　第 1 刷発行

編集：J-出版編集部
制作：J-Web School
監修：平塚市博物館 学芸員　塚田 健
発行：J-出版
　　〒112-0002 東京都文京区小石川2-3-4 第一川田ビル TEL 03-5800-0552
　　J-出版.Net　http://www.j-publish.net/

ISBN978-4-909326-97-3 C7300 Printed in Japan